强化训练短线快枪手

(3)

实盘跟我练

老　纪　著

地震出版社
Seismological Press

图书在版编目(CIP)数据

强化训练短线快枪手.3，实盘跟我练 / 老纪著. —北京：地震出版社，2015.1
(2015.8 重印)

ISBN 978-7-5028-4211-6

Ⅰ.①强… Ⅱ.①老… Ⅲ.①股票投资—基本知识 Ⅳ.①F830.91

中国版本图书馆 CIP 数据核字(2013)第 029008 号

地震版 XM3610

强化训练短线快枪手(3)——实盘跟我练

老 纪 著

责任编辑：朱 叶

责任校对：孔景宽

出版发行：地震出版社

北京海淀民族大学南路 9 号 邮编：100081

发行部：68423031 68467993 传真：88421706

门市部：68467991 传真：68467991

总编室：68462709 68423029 传真：68455221

证券图书事业部：68426052 68470332

http://www.dzpress.com.cn

E-mail:zqbj68426052@163.com

经销：全国各地新华书店

印刷：三河市利兴印刷有限公司

版(印)次：2015 年 1 月第一版 2015 年 8 月第二次印刷

开本：787×1092 1/16

字数：180 千字

印张：12.5

书号：ISBN 978-7-5028-4211-6/F(4899)

定价：35.00 元

前　言

曾经有很多投资者学习完几个操作技巧后觉得热血沸腾，信心十足地进入股票市场，但是，实际操作中却完全不能掌控自己，账户出现连续的亏损。

在与这类投资者交流的时候发现，他们对所教授的技巧、使用方法和重点把握都十分清楚，但是进入实盘后，却不能按照所制订的操作计划来实施操作。每当操作完成后，时常听到他们说："每当复盘的时候就会发现，其实市场的走势，每天都在重复着我们所学习和掌握的这些方法，但是决定下单操作时就乱了阵脚。"

分析其原因，一是理论学习和用真金白银进行实盘操作心理上所承受的压力不同，心态不过关是关键。二是制订的操作计划不够周全，买进时只想着如何盈利，却忘记了市场是千变万化的。三是练习的频次不够，在实战中不能快速地使用应对策略。

时常做复盘练习是笔者的必做功课之一，在床头、车上也放着打印的各类股票图及以前总结的经验和操作心得，闲暇之余拿出来看看，不定期地更新并完善。

通过反复学习，不但可以加深对股票的了解，而且还可以增加盘感，提升短线操作的反应速度。

学而不思则罔，思而不学则殆。为了让读者朋友们有一本能够学、思、练相结合的资料，本书结合前两本书所学习的内容，采用问题—分析—策略—答案四个部分为大家深度剖析 20 只股票。当然，要想成为短线高手，仅凭这 20 只股票的练习是远远不够的，希望大家通过本书找到一个适合自己的操作方法，不断地提高短线操作熟练度和准确度。

我相信，只要广大读者能在今后的投资中，认真消化这些内容，做足功课，精选个股，一定能够走上持续盈利、快速盈利、短线常胜的道路。

为了感谢广大读者购买本书，我们将对前 5000 名读者赠送专业股校 10 节视频教学课件，大家可以登录投资时代 168 网站查询获取方式或直接与工作人员联系获取。

同时，我们将尽最大能力通过网络为读者朋友们建立一个学习和交流的平台，笔者也会参与其中，和读者朋友们一起学习，共同提高，感兴趣的朋友可以与工作人员联系。

网站地址：www.TZSD168.com (投资时代 168)

工作人员 QQ:791986698 (小美)

QQ:786129838 (战神)

目 录

第一部分

几点说明及重点把握

学而不思则罔，思而不学则殆。我们经过了第一本和第二本书的学习后，掌握了一些成功率较高的超级短线操作方法。如何将这些方法正确地运用到实战中，需要我们通过反复练习、熟练掌握，并且真正理解其内涵，这样才能运用到得心应手的程度。

第一节 正确认识实盘练习的重要性

知易行难。学习打乒乓球、羽毛球等运动，老师教授一个动作后，要通过反复地练习才能形成动力定型。动力定型就是形成下意识的击球动作。

这些体育运动，要求瞬间做出判断和准确的动作，很多动作都是下意识的反应。职业运动员在训练时，每天挥拍要达到5000次以上，经过反复地重复一个动作，让控制身体各部分肌肉的神经系统有一个学习过程，最后达到意到球随的境界。如果没有动力定型的动作，那么，到时候只能乱挥拍子，打到哪里算哪里。

我们做超级短线也是如此，盘中要做到短、准、快、稳，往往没有给你充分思考的时间。再加上在实盘中，盘面不停变化，我们要抓住每一个变化瞬间所传递的信息，还要把这些信息进行筛选，最后找出符合自己操作模式的因素进行判断。

这一连串的过程中，包含了很多内容，只有操作熟练的投资者，才会在实盘操作中形成准确的判断。

大多数投资者在学习了一些方法后，直接运用到实盘进行操作。试想，你一年进行股票买卖的次数是多少？在实盘中能够遇到一种操作模式，对此种操作模式的理解程度是多少？是否每一种后市的演变，都能够考虑到，尝试到？

要想通过实盘来对某种操作方法进行验证和消化，其实是不现实的。一种操作形态走出来后，后市往往要制定好几套应对策略。但是实盘中，我们能遇到几种？每次出现某种情况，我们面对真金白银自己的心态又是怎样的？

种种原因，需要我们在操作前进行反复地练习。练习的方法很多，在本书中，我们采用了先提问，读者自己根据自己的理解来进行解答，然后笔者再根据盘面特征，写出自己所理解和制定的分析及操作策略，最后再对该股的实际走势进行追踪，看看该股后市真实的走势变化。

虽然本书只讲解 20 只股票，但是，我们相信，只要大家通过这 20 只股票，掌握其学习方法，举一反三，反复练习，一定能将自己的短线操作水平提升一大截儿。

让我们通过反复练习，形成自己的动力定型吧。

第二节　怎样制订周全的操作计划

我们讲解和推崇的操作方法，往往都是寻找后市上涨概率较大的操作模式。但是，实盘中千变万化，没有哪一种走势是必然的。

大概率发生的事件，并不代表是必须发生的事件。当我们买进一只股票后，预期该股将是上涨的，就算是有 99%的上涨概率，那么依然还有 1%的机会是不上涨的。不涨我们应该怎么操作？

在股票市场中，一个成功率大于 55%的方法就是一个值得操作的方法。但是，必须要有完善的操作计划做保障，操作计划中必须要包含多种盘面的变化及应对策略。

当我们认定了一种操作模型后，首先要做的事情就是在这个操作模型中添入如何止损的操作策略。买入是为了让账户实现盈利，而止损是对操作预期出现偏差后的纠错。

其次，我们要对这个操作模型中，假若走出小概率事件我们应该如何应对制定详细的操作策略，通过建立完善的操作策略，形成一个操作系统。

这个操作计划是建立在符合我们所掌握的操作模型上，然后在这个操作模型中，包括止损、止盈。止损包括主动止损和必须止损，止盈包括主动离场和最后必须离场。

走势方面要考虑到上涨、横盘、下跌，快涨、缓涨，快跌、慢跌等等内容。量能方面要对每一种量能的变化，配以不同的涨跌走势所应该采取的应对措施。

当我们在制订操作计划时，若能把这些都考虑全了，那么我们的操作思路也就更加成熟了。随着操作思路的不断成熟，一些极小概率的走势会被我们所抛弃，一个操作模型中，几个关键的应对措施把握得当后，就可以达到举一反三，应对自如了。

在早期的操作练习中，我们通过制订周全而详细的操作计划，可以锻炼我们对股票的真正认识，这就如同打球，初期我们要反复地进行基本功的练习。

球拍应该怎样拿，应该如何挥动手臂，角度是多少，挥动应朝哪个方向，脚底下脚步应该如何变化等等内容每一样都要考虑到，哪一个都不能少，都要做正确了。

后期，等这些动作都动力定型后，我们在每一次练习中，就可以不必在刻意地去考虑这些内容，而是很自然地将这些动作做标准，重点考虑如何走位，采用哪一种战术更容易战胜对方，如何调整实战中的心态等等相对高级的内容。

股票操作也是如此，在初级阶段，必须要进行这些基本功的练习，把基本功练好了，后期才会走得更远，走得更稳。

第三节　本书每一部分的学习说明

本书共分为四个部分，本部分主要讲解一些如何进行实盘练习的内容。

第二部分是提出问题，针对 20 只股票，分别要求读者朋友根据自己的理解写出盘面解析及制定操作策略。

第三部分是对提出的问题进行回答。笔者根据自己的分析并制定相应的操作策略。

第四部分是实盘走势部分。对书中所追踪的每只股票最后的走势进行一个跟踪和分析。

为了方便学习，我们将讲解股票的三个部分进行了分解。当读者看到第一部分后，可以一只股票一只股票地练习。在书中或者另外找纸写出自己的答案。

当完成了这个任务后，再将自己的答案与书中第三部分笔者的分析和操作策略进行对比，从而达到相互学习提高。

最后可对实盘进行追踪，看看实际走势中，该股是朝着哪个方向发展的，与自己的操作预期有多大差距。在实际走势中，我们是否能够按照自己的操作策略来对号入座，按照操作计划执行纪律。

本书的重点是第三部分里面包含了笔者对实盘操作的认识和制定的操作策略，读者朋友们可以对这些思路进行学习，掌握适合自己操作模式的东西。在这里笔者再次强调，每个人的操作风格、秉性等都是不同的，所以没有必要强求自己的分析和操作策略与书上写的是否完全相同。

只要适合自己操作模式的操作策略都是正确的，书中所讲述的分析方法和操作策略，是笔者经过多年积累和验证，符合笔者的操作风格，对于笔者来说是必须要遵守的。若读者朋友想完全复制学习的话，则我也相信，只要熟练掌握并且正确运用到实盘中，一定能够给大家带来盈利。

但是，在这里我们不能否定其他的操作策略和分析，能够经得起市场验证的都是好的。希望广大投资者通过反复地学习和练习，掌握股票操作的真正内涵。

第四节 正确制定操作策略需要遵循的几条原则

实战操作中，超级短线与短线的操作策略不同，短线与中线的操作策略不同，同样，中线与长线趋势投资者所采用的操作策略也是不同的。

一只股票在同一个交易日，同一个点位，同样的大环境下，根据操作模式的不同，我们下一步的买卖点和操作预期将会不同。

首先我们要明白当前账户资金所要进行的何种操作模式，是短线就要制定短线操作策略。不能在制定操作策略时依据短线的思维制定，而实际操作中，不断地更改策略，最终把短线做成了中线，甚至是被套后长线持股不动。

对于1～5个交易日的超级短线投资者来说，在制定操作策略时一定要遵循以下原则：

1. 买入时要慎重，卖出时要果断

股票操作要想实现盈利，就必须建仓买入。但是，账户出现亏损的原因，也是因为建仓买入所引发的。

没有买卖就没有盈利，同样，没有买卖就没有亏损。持股是实现盈亏的直接过程，而买入点位的优劣是实现盈亏的主要原因。

超级短线操作，买入点位直接影响着后期操作主动权，把握住主动权后卖出的机会将会很多，很容易。买入点位不好，后期操作被动，剩下的操作只有实施补救措施了。

所以，在买入的时候，一定要充分考虑多个因素，等待较佳的时机进行操作。较佳的时机和时点没有到来时，一定要等待。错过了，就放弃跟踪，市场中好的股票很多，宁可做晚点车，也不能上错车。

短线操作要求我们，观察时间要长，持股时间要短。买入后，卖出信号只要出现，就要毫不犹豫地离场，不可以过多的等待，尤其是在出现亏损的时候，止损要坚决，绝不可以为持股挖掘心里安慰的“有利因素”。

2. 与预期走势出现偏差时，要尽快找机会离场

当我们制订好操作计划，期望着股价的波动方向在我们的掌控之中，按照我们的预期运行。

这个想法是美好的，但是现实不一定如此。当制订的操作计划不够完美，考虑的问题不够周全，操作模型还不完善、不成熟的时候，股票的波动也有可能会出现与我们所预期的方向不同，走势不同。

当市场出现怪异变化、突发消息影响、异常因素突显及小概率事情发生等等不确定因素时，市场同样会走出我们所不能预期的走势，出现我们操作模型中没有包含的走势。

这些不容易出现的走势我们不必全部考虑进来，因为没有更多的精力将所有的走势囊括进来。只要采取一个策略就足以应对这些极小概率事件的发生——与预期走势出现偏差时，尽快找机会离场。

只要市场的走势是我们所没有预期到的，是不能把握的，就立即远离，无论后期的走势强弱，都与我们本次操作无关。

3. 宁可错过操作机会，也不能降低买入标准

理论上讲，只要股市波动，我们就可以进行超级短线的操作。所以，在超级短线投资者的眼中，每天满市场都是机会，满市场都有涨幅喜人的股票值得操作。

要想提高成功率，就需要我们把握其中极少的，我们能够准确把握住的股票模型。当我们来到琳琅满目的百货市场，适合我们买的，能够使用上的也就是那么几款。能够达成购买协议，在本次进入商城带走的也许就那么一件，甚至没有。

在我们制定操作策略的时候，要充分地规避掉不可把握的情况。也许出现这些情况我们及早地离开后，股价快速上涨，但是那些是我们所把握不住的利润，丢掉一点都不可惜。

在制定买入策略时，要充分考虑多种因素的语言信息，宁可错过一些好的股票，也不能将买入标准降低。买入标准达不到条件，那就是当前市场不适合进行操作。

4. 要认真推演每一种走势，制订周全的操作计划

既然是制订操作计划，就是在时间充足、头脑清醒、思路敏捷的时候制订的，同时有充足的时间参考很多相关资料和信息。计划就要周全，要考虑到所有可能发生的情况，制订有效的应对措施。

要想做好超级短线，必须要做好收盘作业，每天都要做功课，这虽然非常辛苦，但是作为超级短线投资者必须做到，这点在前面的书中我们已经强调过。

在做收盘作业时，将所有股票进行集中筛选，筛检股票池，对有兴趣的目标股进行走势推演，然后制订操作计划。

初期需要对所制订的操作计划和应对策略写到纸上，并严格地落实到行动上。当思路成熟，一切都熟练后，所有计划和策略将会清晰地印在大脑中。

5. 缩小纠错空间，放大盈利预期

让每一次操作出现亏损的概率降低，出现亏损的幅度减少，同时让每次操作出现盈利的概率增加，盈利的幅度加大，那么综合起来我们的操作整体将是持续盈利的。

这样制订操作计划，有可能会出现操作成功的次数降低，但是每次的操作质量将会增加。同时，我们借助一些成功率较高的好方法、好技巧，完全可以化解操作成败次数成反比的比例。

放大盈利预期一方面是要求我们实现盈利的空间要大于止损空间，当我们决定下单时，一定要操作那些上涨空间大于下跌空间的股票。

另一方面，要求我们在实盘操作中，选择那些上涨空间预期更高的股票进行跟踪，上涨空间有15%，我们制订计划把握住其8%～10%，要预留一部分空间给市场。

6. 要时刻都有风险意识、纠错意识

一石激起千层浪。股价的每一次波动，都不是孤立因素造成的，是有诸多我们看到的和看不到的各类因素综合影响而形成。

不要妄想任何人可以准确预期到每一次的走势，任何情况都可能发生在任何时候。尤其是短线走势，就如同随波逐流的一片落叶，大的方向容易把握，小的波动变化无常。所以我们在每一次操作中，都要有风险意识、纠错意识。

买入时必须要有止损的保护，制定操作策略是要充分考虑下跌

应该如何应对。只有能够控制住风险的操作计划，才是一个完整的操作计划。

第五节　建立可移动的操作计划

市场是不断变动的。1～5 个交易日的超级短线持股操作，要求我们持股时间在 1～5 个交易日，这是基础，是思路，对于还不能熟练掌握这套操作模式的投资者，初期必须要严格执行这个纪律。

当我们已经可以得心应手地游弋在股票市场中，要想拔高短线操作水平的时候，我们可以突破这个纪律，让 1～5 个交易日的超级短线操作方法再度升级。在实盘操作中我们可以在 1～5 个交易日持股的基础上，按照一定的操作原则，建立可移动的操作计划。这个操作计划要遵循以下原则：

1. 强者优先原则

在很短的时间内，当一个符合我们操作模式的信号出现时，我们要按照这个信号进行买入或者卖出的操作。若随后第二个操作信号再次出现，我们要对两个信号进行比较，看哪个信号更加强烈，更具有代表性。这个强烈不是单指上涨、下跌的力度，而是信号所表述的语言强弱。哪个强，我们后市的操作就要参照哪个信号，制订的操作计划也应该随之转移到这个操作信号上来。

2. 后市优先原则

随着股价的涨跌，股票走势不断向后推移，当两个操作信号累加出现的时候，后出现的更能够贴近当前市场变化，所以我们对后出现的信号要稍稍偏重进行分析。这里所说的前后，与时间的长短有密切关系，距离当前越远的信号，我们越要淡化其对当前走势的影响，越是当前发生的，我们越要重点考虑。当然，这里的优先原则是相对的，是给权重加分的，并不代表后发生的一定要替代前期发生的。

3. 风险优先原则

在市场中，我们必须要规避能够看到的和发生概率比较大的风险。如果能够做到，规避所有的市场风险，那么剩下的就只有盈利了。当买入和卖出信号同时出现，持股和主动离场信号同时出现，等待和止损信号同时出现的时候，我们一定要放大风险，给风险权重加分，尽可能地规避掉有可能出现的风险。虽然，这样有很多操作机会和盈利空间会被我们舍掉，但是，舍掉了操作机会和盈利空间只是让我们的账户少挣钱，而不能规避掉风险的话，就会让我们的账户大亏损。少挣钱只是减慢了我们持续盈利的步伐，而大亏损却可以改变我们持续盈利的方向。

4. 传递优先原则

当一次买入信号出现，我们进行了短线建仓后，很快 1～5 个交易日的持股即将结束。在后期的走势中，若有更多的符合我们操作模式的建仓信号出现，我们就可以将操作向后传递，将账户的买入点转移到下一个位置建立新的操作计划。在新的位置上，我们同样要制订周末的持股、离场、止损计划，虽然账户没有进行任何操作，但是其所有的参考依据都是参照新的位置，要忘掉第一次的买进。通过正确的使用传递有限的原则，在一只较好的股票上，我们可以长时间持股，拿到更多的利润。传递优先原则，避免了 1～5 个交易日持股的不足，让我们的操作更为灵活。

第六节　如何拓展自己的学习思路和方法

当然，本书中所涉及的这一套学习和实盘练习的方法，只是诸多实盘练习方法的一种。在这里，我们通过这 20 只股票的练习，抛砖引玉，让读者朋友们能够形成一种惯性思维，然后结合自身的实际特点，制订一套适合自己的学习模式。

在笔者的朋友圈中有很多股票高手，他们每个人都有自己的一套“看家本领”，大家在一起交流的时候，每个人的操作思路和操作模式都有所不同。

在同样的市场环境中，大家的操作偏好也是不同的，有时大家同时看好同一只股票，但是具体到下单位置时，每个人的决策点也不尽相同。但是，他们都能够挣钱，对自己的操作模式都非常有信心。

在学习和操作练习的方法上，大家也各有所异。我有一个朋友，经常到书店买来大量股票操作书籍，然后对其进行翻阅，从中发现亮点后，借鉴过来举一反三。对他来说，到书店买书，然后翻阅属于“淘宝”。对他来说，别人的思路中有时候几句话是自己没有想到的，能够触发灵感，给自己一个新的启发，就可以让自己少走很多弯路。买一本书，有时往往就是为了买回其中的几句话。

而另一个朋友喜欢仔细地研究，一套自认为适合自己且有价值的学习资料，他能反复地研读，然后再做上密密麻麻的笔记，摘录重点，经常翻阅。他说，这样可以让自己时常温习那些好的知识点，避免在实际操作中忘了应该注意什么。有时候一段学习视频，他能反复地看七八遍，过一段时间后再翻出来看，其中有一些还是自己写的东西，自己录制的视频。他的感受就是，虽然是同一段资料，但是每次学习，感受都不一样。而且操作的执行力也是通过对以往总结的东西进行反复地学习而提高的。

还有一个朋友喜欢看 K 线图，没事的时候，就大量翻阅 K 线图。他的电脑在不使用的时候，就将 K 线走势自动滚屏，时不时地看几眼，就跟看美国大片一样郑重其事地往电脑前一坐。他的学习资料就是打印下来的K线图谱。他说，他要的是那种灵感、盘感，一种条件反射，对短线出击点的条件反射。

朋友中还有喜欢收集各个上市公司财务数据的，喜欢在聊天儿室跟股友聊天儿的，喜欢研究操作软件编写公式的等等，他们每个人都有自己一套独特的，适合自己的方法，都能够从中受益。

这些能够在市场中挣钱的投资者，他们虽然每个人的方法不同，但是他们都有一个共同的特点：长期坚持学习，不断更新知识，善于总结改进，功课做得扎实。

有很多投资者认为短线需要时常贴近市场，不断地做功课，经常地练习。其实无论是短线、中线，还是长线，要想实现持续盈利，都一样需要学习、改进并做好扎实的功课。只不过操作的性质不同，所要侧重的重点不同罢了。笔者认识的一位成功的价值投资者，他几乎对所有上市公司的主营业务、经营状况都了解，我们问到哪里他都能说上半天，功课做得非常扎实。

做好股票投资，不但要有刻苦学习的精神，还要善于动脑。通过一套书的学习，我们可以了解到很多方法和技巧，但是这些方法和技巧的本质是什么？为什么我们要在某种市场环境中，采用这个方法？

要举一反三，理解其上涨、下跌的本质内涵，只有掌握了其本质，所学习的方法才能够熟记于心。但是记下这些方法，不能够正确理解其中的本质，就算是在实盘操作中照搬，也会变形。

况且，这些方法不是要求大家都掌握的，要结合自己的操作习惯进行重点突破。首先是模仿，然后是完善，最后是改进。通过在实践中不断摸索，将书中的各种操作技巧和方法变成属于自己的东西。

笔者也经常不断地学习，跟朋友交流借鉴他们的思路，不断完善和改进操作技巧，根据市场变化淘汰一些操作方法。在股票市场中，人人都有绝招，人人都有亮点，只是看谁的绝招用得更到位、更准确罢了。

我们也准备搭建一个学习平台，通过网络聊天儿室或者QQ群的形式，将一些爱学习、爱讨论的投资者聚集在一起，大家可以共享经验，互相帮助，共同提高超级短线的操作水平，共同携手实现持续盈利。

我们的投资时代 168 网站地址是：www.tzsd168.com(投资时代 168)欢迎广大读者经常登录，也可通过网站上公布的联系方式与工作人员取得联系。

第二部分

问题——实盘跟我练

当一只股票处在关键位置时，我们要对其进行重点关注，通过对关键位置的分析，可以很容易找到其内在的涨跌因素。成功的短线投资者，必须能够在关键位置，用很短的时间做出分析判断，这需要我们通过各种方式不断地练习，然后再总结，再提高。

第一节 600006 东风汽车(2012 年 2 月 16 日)

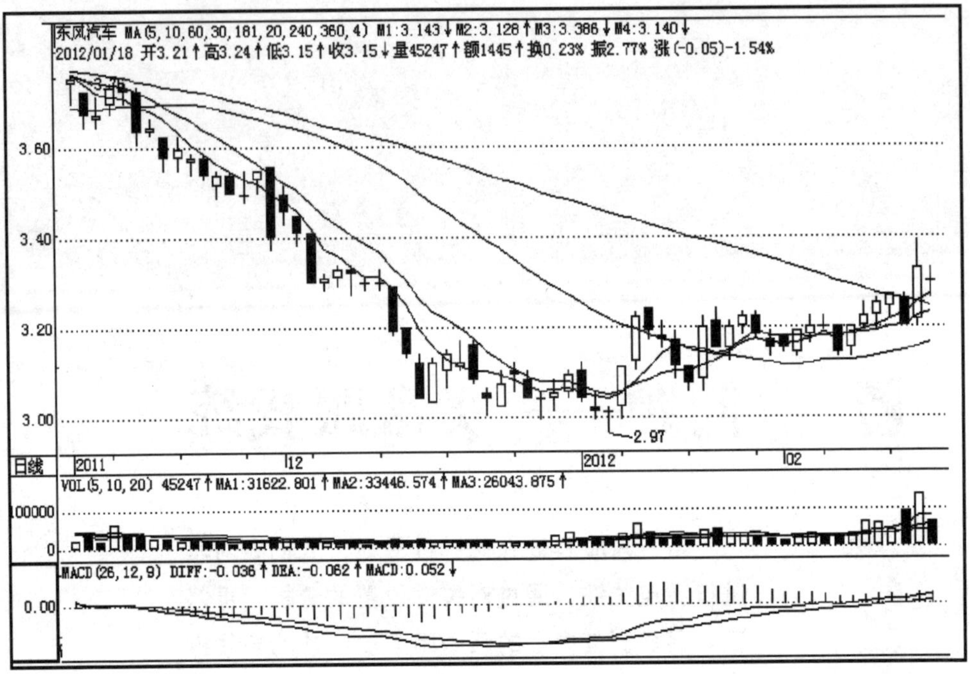

图 2-1

实盘跟我练：图 2-1，600006 东风汽车(2012 年 2 月 16 日)。

请结合图中股票走势，写出该股的盘面解析：________________

____

____

____

____

请结合图中股票走势，写出该股后市的操作策略：________________

第二节　600008 首创股份(2012 年 6 月 8 日)

图 2-2

实盘跟我练：图 2-2，600008 首创股份(2012 年 6 月 8 日)。

请结合图中股票走势，写出该股的盘面解析：

请结合图中股票走势，写出该股后市的操作策略：

第三节　600010 包钢股份(2012 年 3 月 14 日)

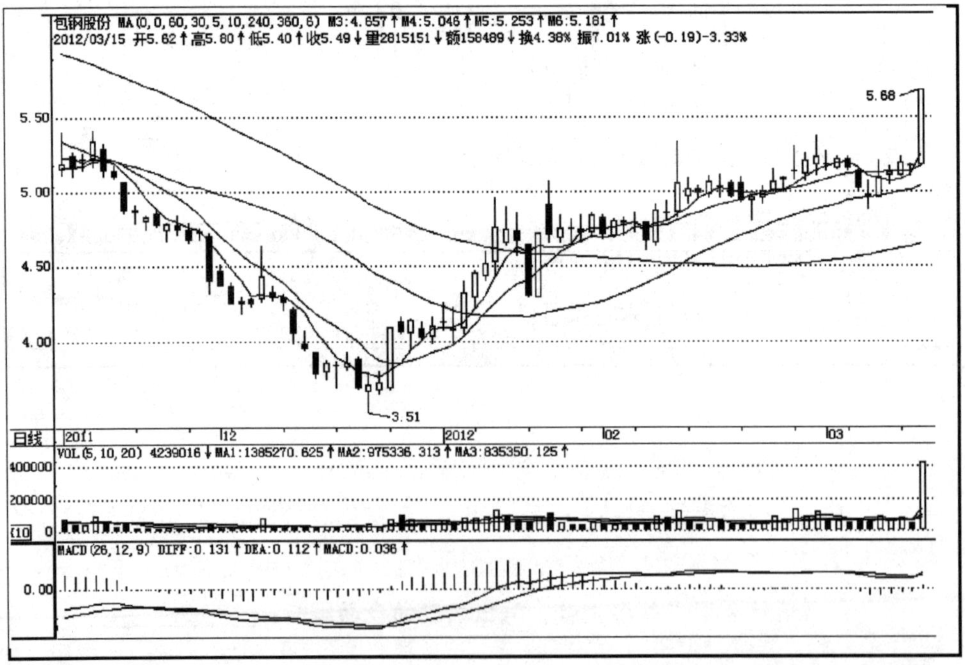

图 2-3

实盘跟我练：图 2-3，600010 包钢股份(2012 年 3 月 14 日)。

请结合图中股票走势，写出该股的盘面解析：________________

____

____

____

____

结合图中股票走势，写出该股后市的操作策略：________________

____

____

____

____

____

第四节　600012 皖通高速(2012 年 2 月 21 日)

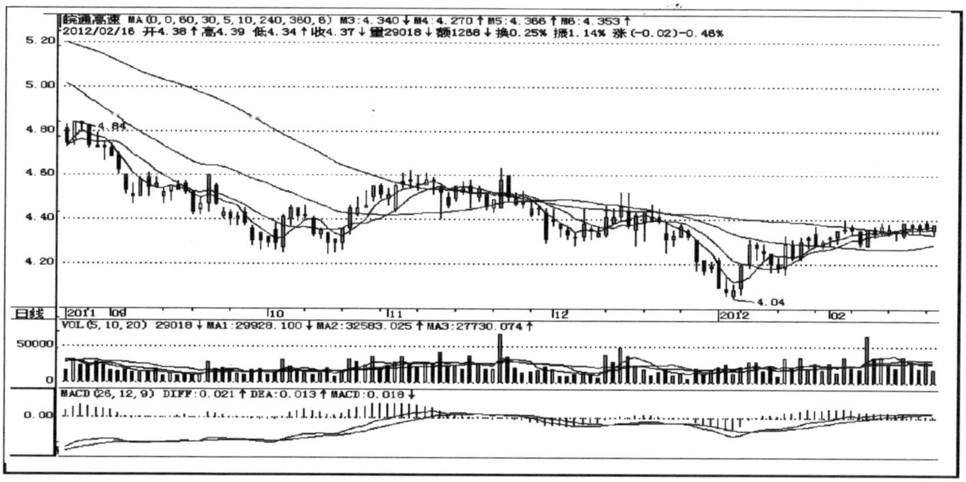

图 2-4

实盘跟我练： 图 2-4，600012 皖通高速(2012 年 2 月 21 日)。

请结合图中股票走势，写出该股的盘面解析：________________

____

____

____

____

____

请结合图中股票走势，写出该股后市的操作策略：________________

____

____

____

____

____

第五节　600058 五矿发展(2012 年 5 月 2 日)

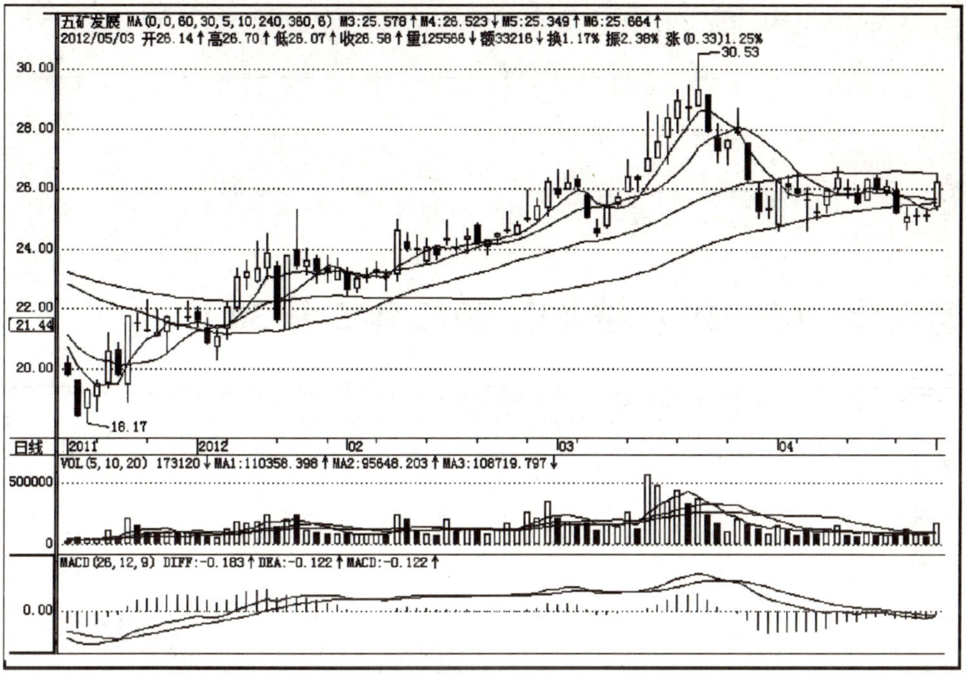

图 2-5

实盘跟我练：图 2-5，600058 五矿发展(2012 年 5 月 2 日)。

请结合图中股票走势，写出该股的盘面解析：________________

____

____

____

____

____

请结合图中股票走势，写出该股后市的操作策略：________________

第六节 600059 古越龙山(2012 年 5 月 30 日)

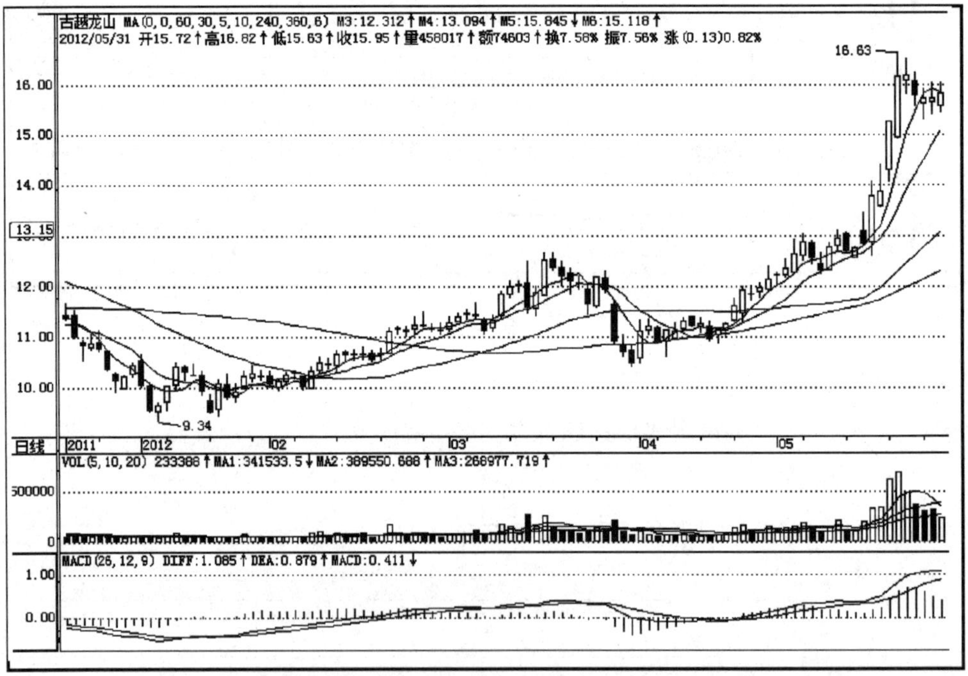

图 2-6

实盘跟我练：图 2-6，600059 古越龙山(2012 年 5 月 30 日)。

请结合图中股票走势，写出该股的盘面解析：______________

____

____

____

____

____

请结合图中股票走势，写出该股后市的操作策略：________________

____

____

____

____

____

第七节　600060 海信电器(2012 年 2 月 24 日)

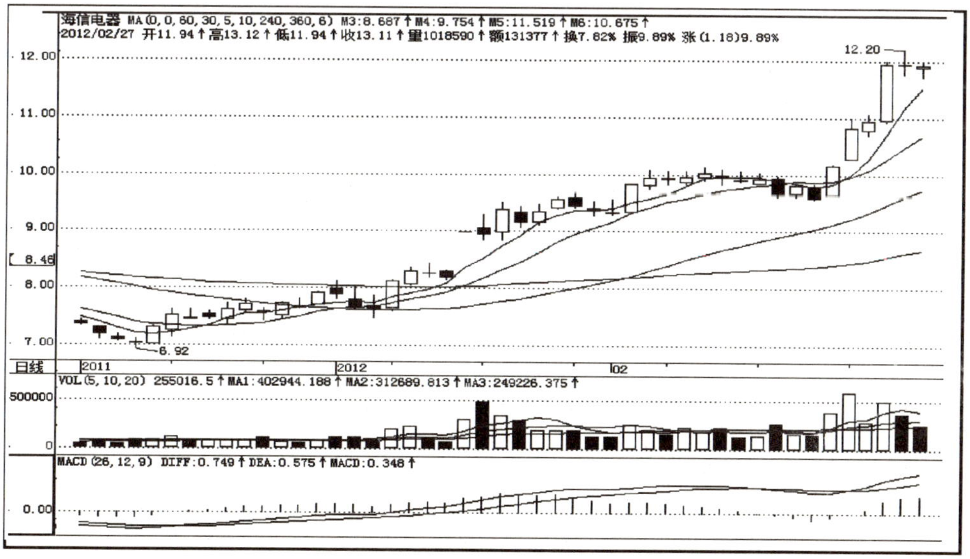

图 2–7

实盘跟我练：图 2-7，600060 海信电器(2012 年 2 月 24 日)。

请结合图中股票走势，写出该股的盘面解析：

请结合图中股票走势，写出该股后市的操作策略：

第八节　600066 宇通客车(2012 年 5 月 3 日)

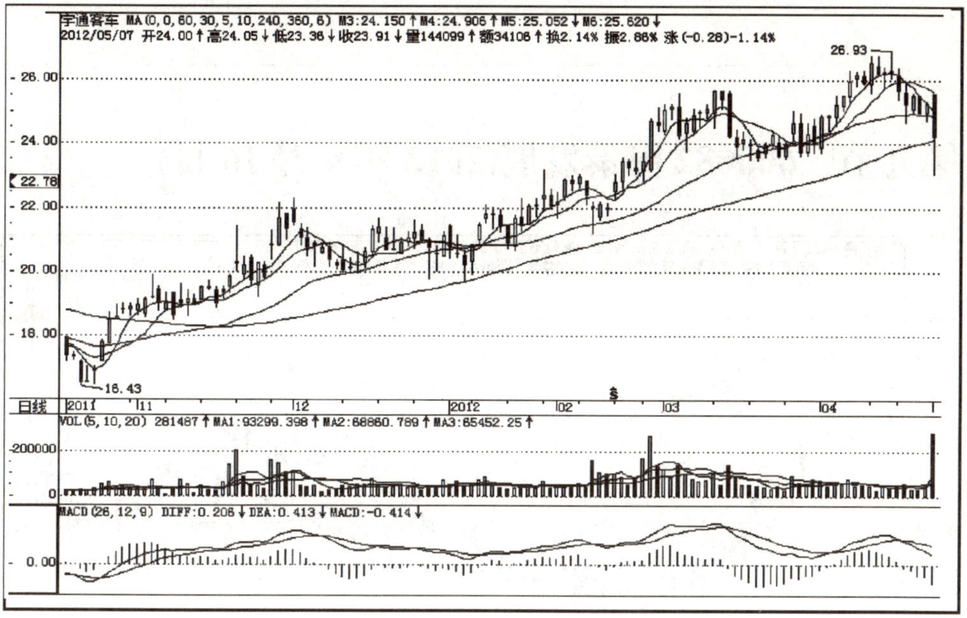

图 2-8

实盘跟我练：图 2-8，600066 宇通客车(2012 年 5 月 3 日)。

请结合图中股票走势，写出该股的盘面解析：________________

请结合图中股票走势，写出该股后市的操作策略：________________

第九节 600082 海泰发展(2012年4月16日)

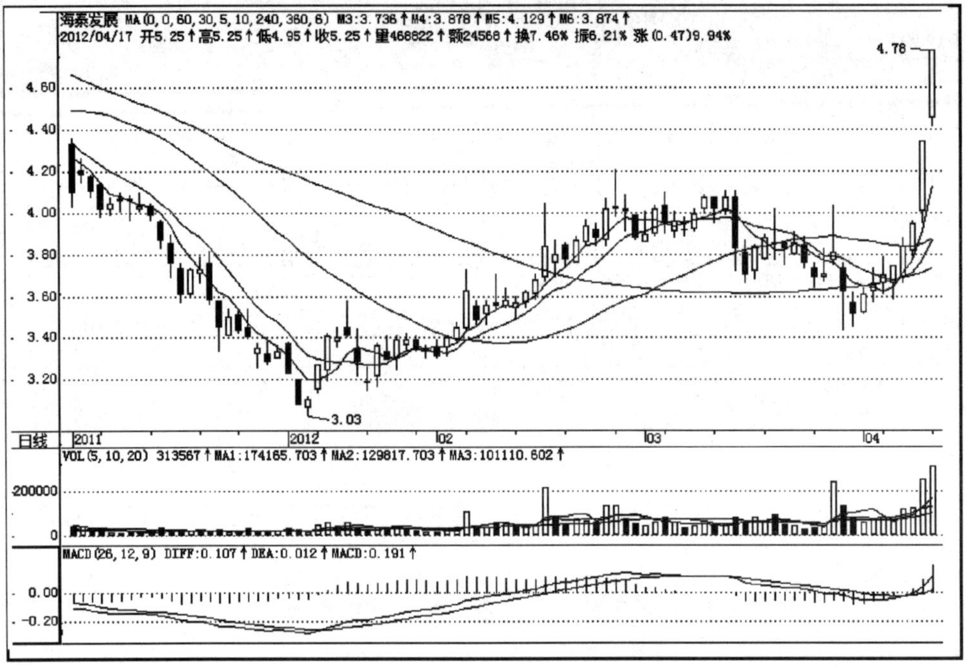

图 2-9

实盘跟我练：图 2-9，600082 海泰发展(2012 年 4 月 16 日)。

请结合图中股票走势，写出该股的盘面解析：

请结合图中股票走势，写出该股后市的操作策略：

第十节　600095 哈高科(2012 年 4 月 26 日)

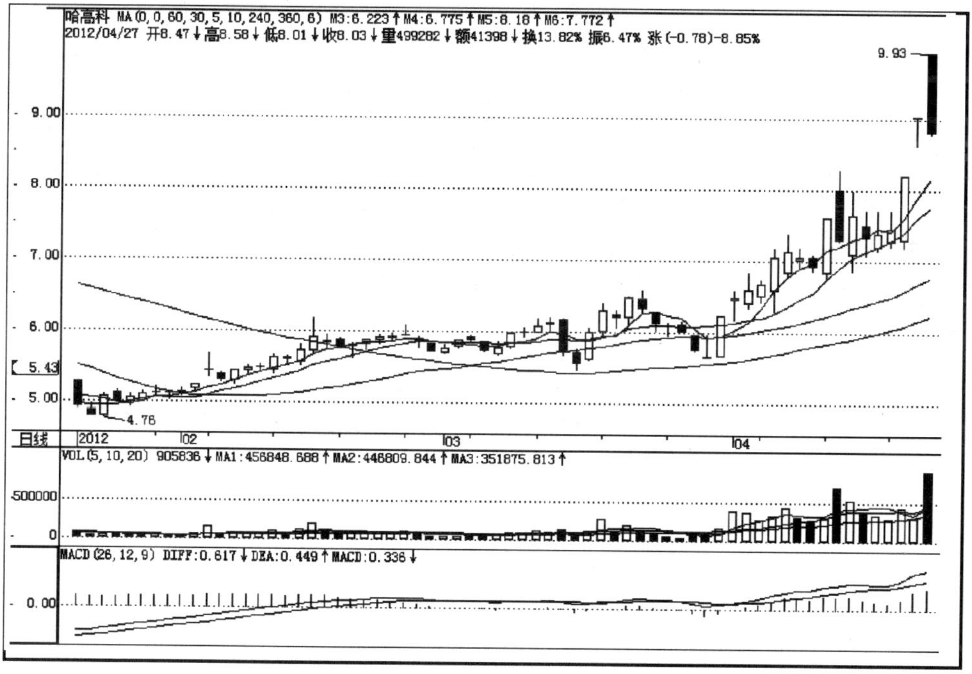

图 2–10

实盘跟我练：图 2-10，600095 哈高科(2012 年 4 月 26 日)。

请结合图中股票走势，写出该股的盘面解析：______________________

____

____

____

____

____

请结合图中股票走势，写出该股后市的操作策略：____________________

____

____

____

____

____

第十一节　600101 明星电力(2012 年 3 月 9 日)

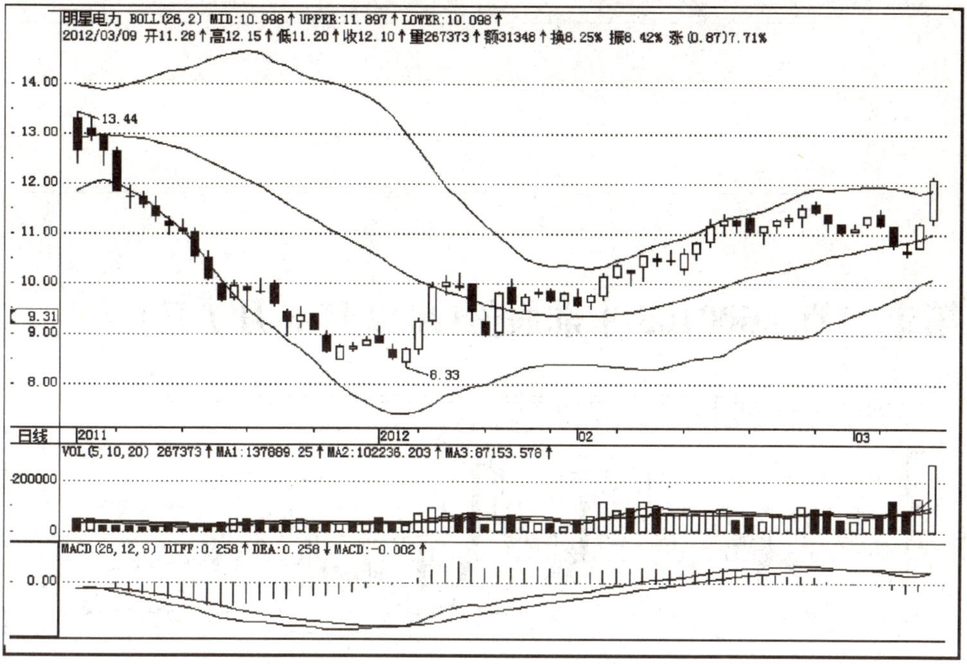

图 2–11

实盘跟我练：图 2-11，600101 明星电力(2012 年 3 月 9 日)。

请结合图中股票走势，写出该股的盘面解析：________________

____

____

____

____

____

请结合图中股票走势，写出该股后市的操作策略：________________

第十二节 600105 永鼎股份(2012 年 6 月 1 日)

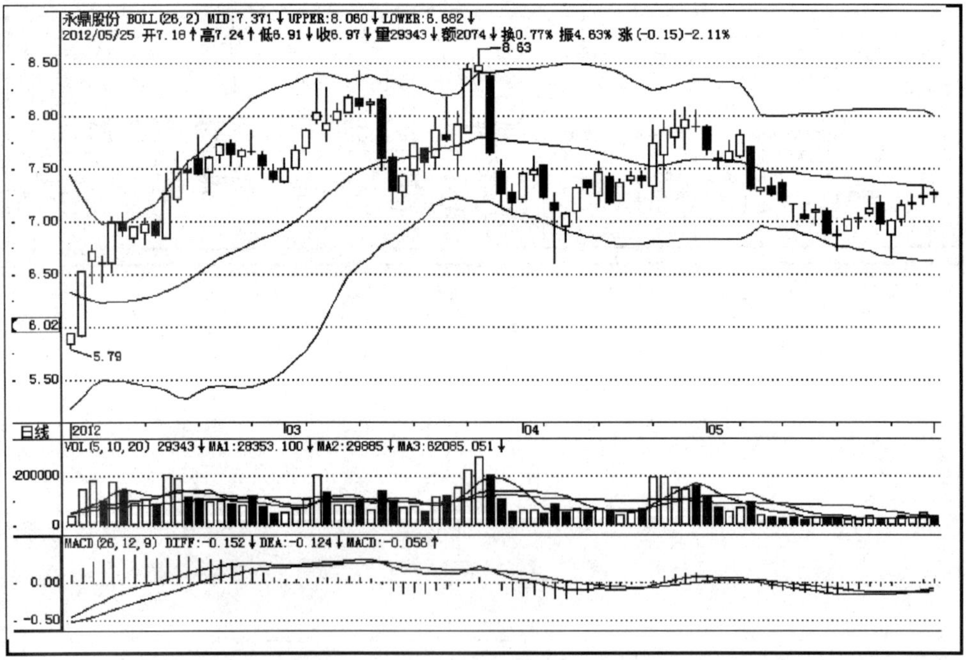

图 2-12

实盘跟我练：图 2-12，600105 永鼎股份(2012 年 6 月 1 日)。

请结合图中股票走势，写出该股的盘面解析：

请结合图中股票走势，写出该股后市的操作策略：

第十三节　600315 上海家化(2012 年 7 月 30 日)

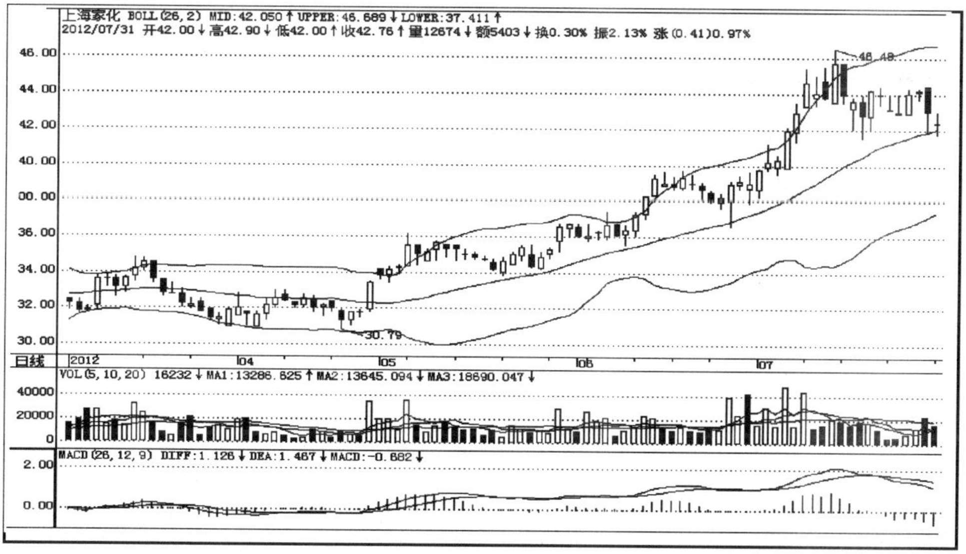

图 2–13

实盘跟我练：图 2-13，600315 上海家化(2012 年 7 月 30 日)。

请结合图中股票走势，写出该股的盘面解析：________________

____

____

____

____

____

请结合图中股票走势，写出该股后市的操作策略：________________

____

____

____

____

____

第十四节　600365 通葡股份(2012 年 5 月 11 日)

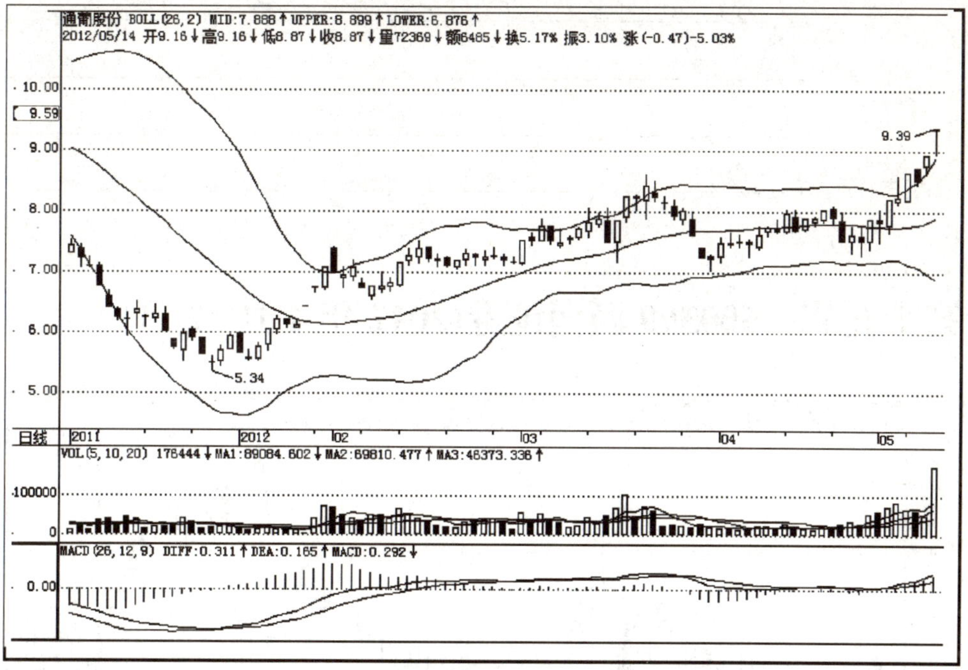

图 2-14

实盘跟我练：图 2-14，600365 通葡股份(2012 年 5 月 11 日)。

请结合图中股票走势，写出该股的盘面解析：________________

____

____

____

____

____

请结合图中股票走势，写出该股后市的操作策略：________________

第十五节 600369 西南证券(2012 年 4 月 12 日)

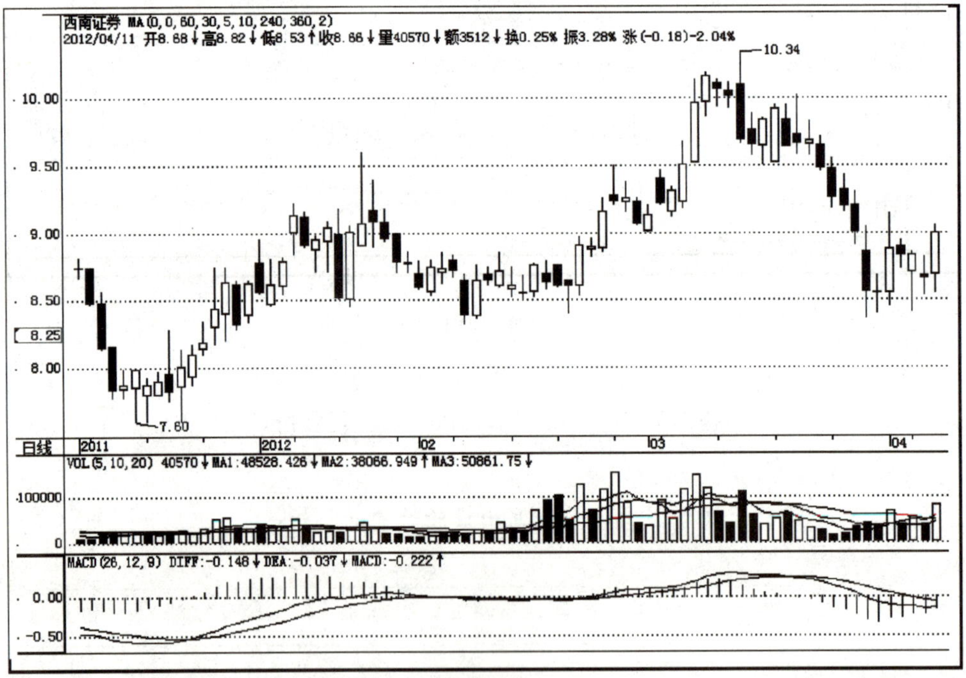

图 2-15

实盘跟我练：图 2-15，600369 西南证券(2012 年 4 月 12 日)。

请结合图中股票走势，写出该股的盘面解析：

请结合图中股票走势，写出该股后市的操作策略：

第十六节　600393 东华实业(2012 年 8 月 7 日)

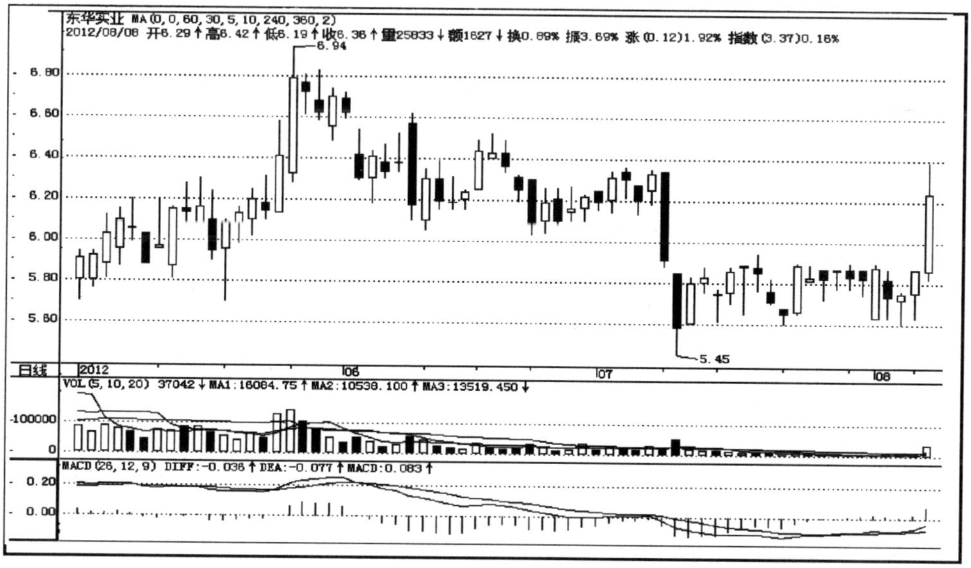

图 2–16

实盘跟我练：图 2-16，600393 东华实业(2012 年 8 月 7 日)。

请结合图中股票走势，写出该股的盘面解析：

请结合图中股票走势，写出该股后市的操作策略：

第十七节　600403 欣网视讯(2012 年 2 月 3 日)

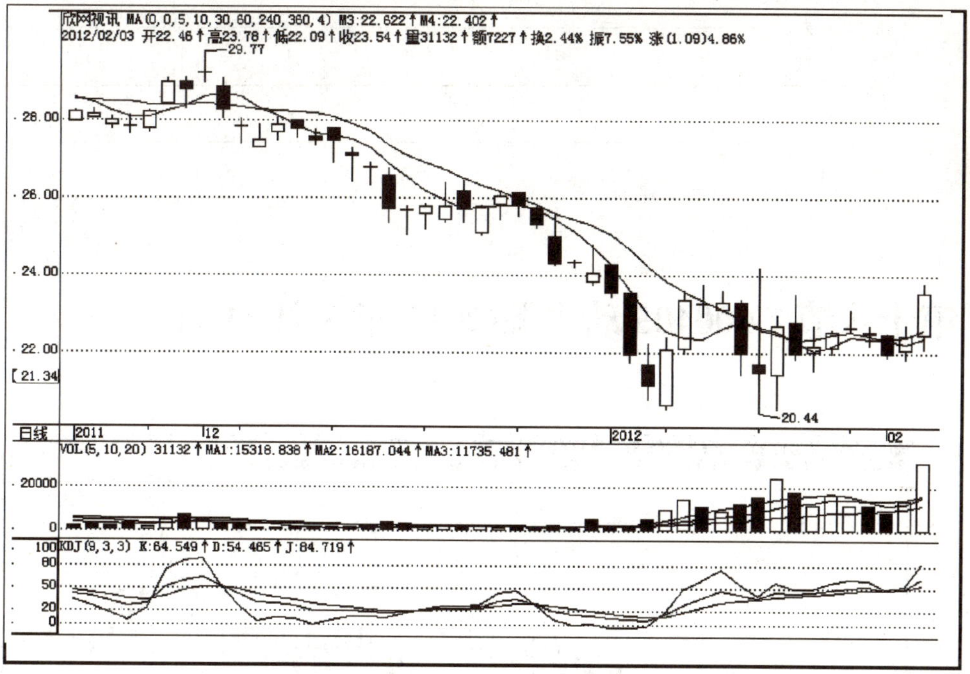

图 2-17

实盘跟我练：图 2-17，600403 欣网视讯(2012 年 2 月 3 日)。

请结合图中股票走势，写出该股的盘面解析：________________

____

____

____

____

____

请结合图中股票走势，写出该股后市的操作策略：______________

____

____

____

____

____

第十八节 600405 动力源(2012 年 5 月 11 日)

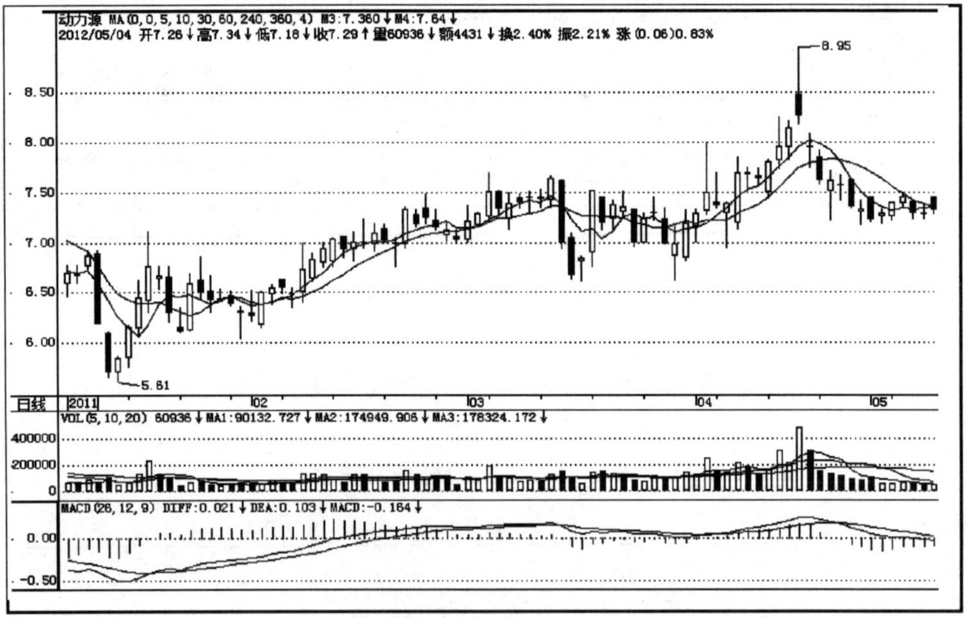

图 2-18

实盘跟我练：图 2-18，600405 动力源(2012 年 5 月 11 日)。

请结合图中股票走势，写出该股的盘面解析：______________

请结合图中股票走势，写出该股后市的操作策略：

第十九节 600410 华胜天成(2012 年 2 月 2 日)

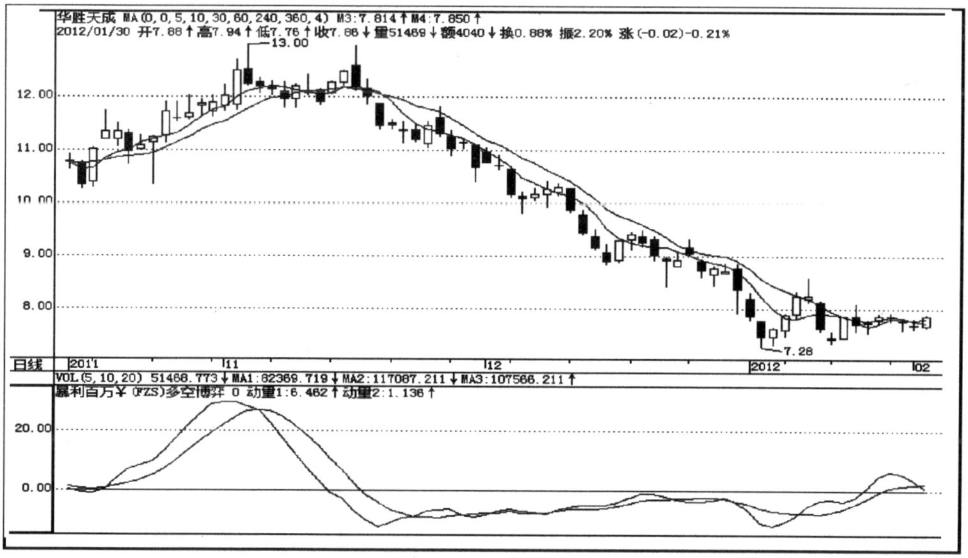

图 2–19

实盘跟我练：图 2-19，600410 华胜天成(2012 年 2 月 2 日)。

请结合图中股票走势，写出该股的盘面解析：________________

____

____

____

____

____

请结合图中股票走势，写出该股后市的操作策略：________________

____

____

____

____

____

第二十节　600510 黑牡丹(2012 年 5 月 21 日)

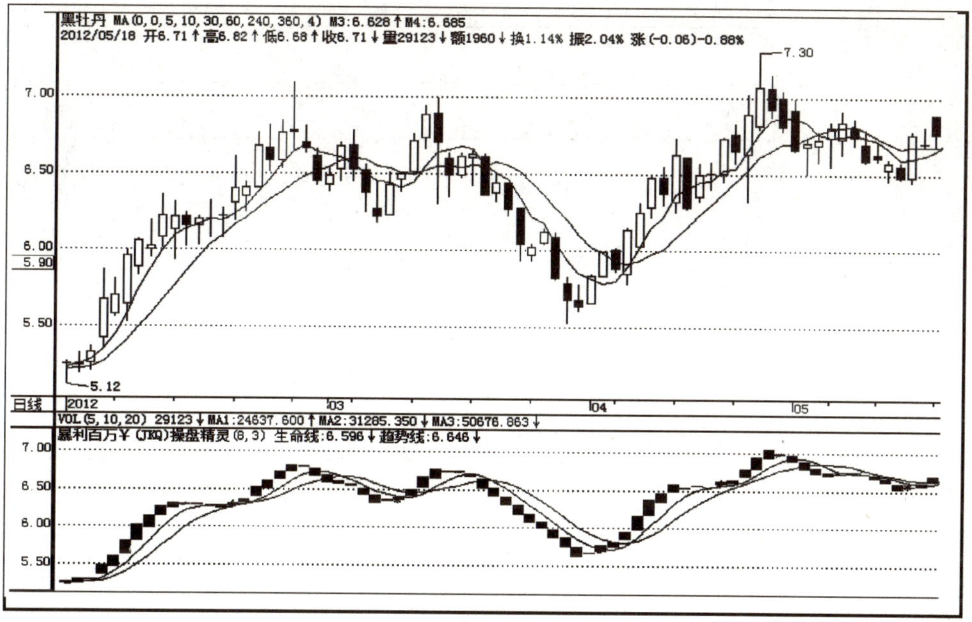

图 2-20

实盘跟我练：图 2-20，600510 黑牡丹(2012 年 5 月 21 日)。

请结合图中股票走势，写出该股的盘面解析：________________

____

____

____

____

____

请结合图中股票走势，写出该股后市的操作策略：________________

第三部分

解答——盘面解析及操作策略

每个投资者都有自己固有的脾气秉性，有着独一无二的操作环境和风格特性。别人的方法可以借鉴却无法完全照搬，通过学习别人的思路、方法、策略和成功的经验，可以让自己少走很多弯路，快速提升操作水平。

第一节　600006 东风汽车(2012 年 2 月 16 日)

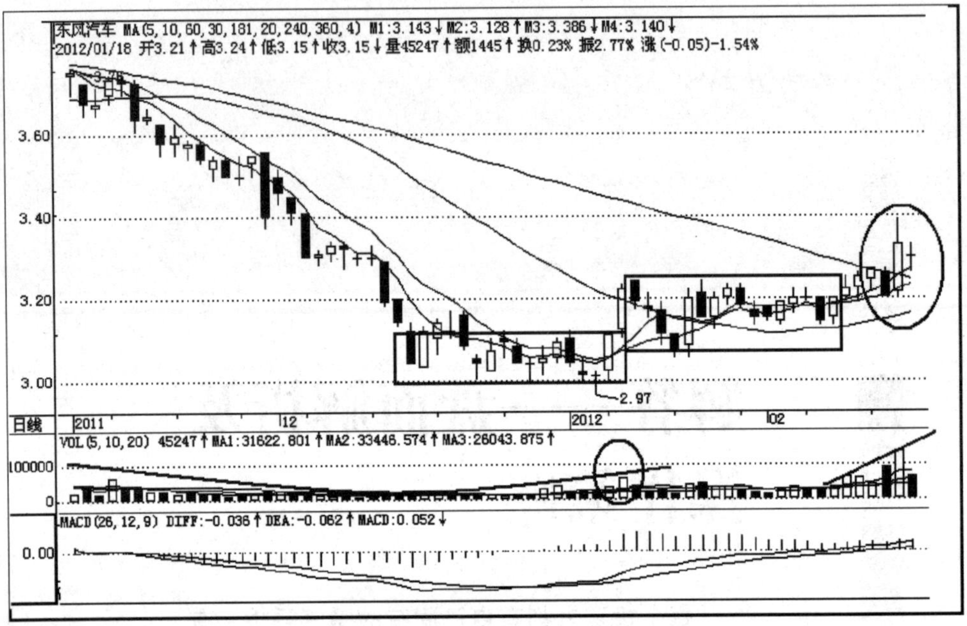

图 3-1

盘面解析(一)图 3-1，600006 东风汽车(2012 年 2 月 16 日)。

600006 东风汽车在 2012 年初从下降通道中开始直接走平，两根放量阳线终止了持续下跌的走势。两根阳线后的止跌是我们判断该股是否能够真正止跌的最具有观察意义的位置，通过追踪该股，我们读到了盘面信息。

在相对的底部区间该股走出了两波横盘整理的走势。两波的横盘整理，最后都是以放量的阳线形式向上突破的。第一波放量突破横盘可以理解为反抗性质的向上拉升，第二波放量向上突破横盘，就是拓展向上迈台阶的走势。

我们把两波分开来看，第一波，股价能够在有效止跌的两根放量阳线上方站稳，同时成交量相对前期下跌缩量极致的量能相比，走出了逐步活跃迹象。第二波股价的平稳走势，带动5日、10日均线向上，同时30日均线也逐步走稳并且对股价开始支撑。

2月15日，股价在成交量的配合下，有效站稳5日、10日、30日、60日均线的上方，走出了放量突破四线的走势。同时，该股在底部整理区间，通过两次对整理小平台的有效突破，而且是放量突破，形成了有效上涨蓄势的走势。依据我们前期学过的操作模式，可以对该股进行追踪。

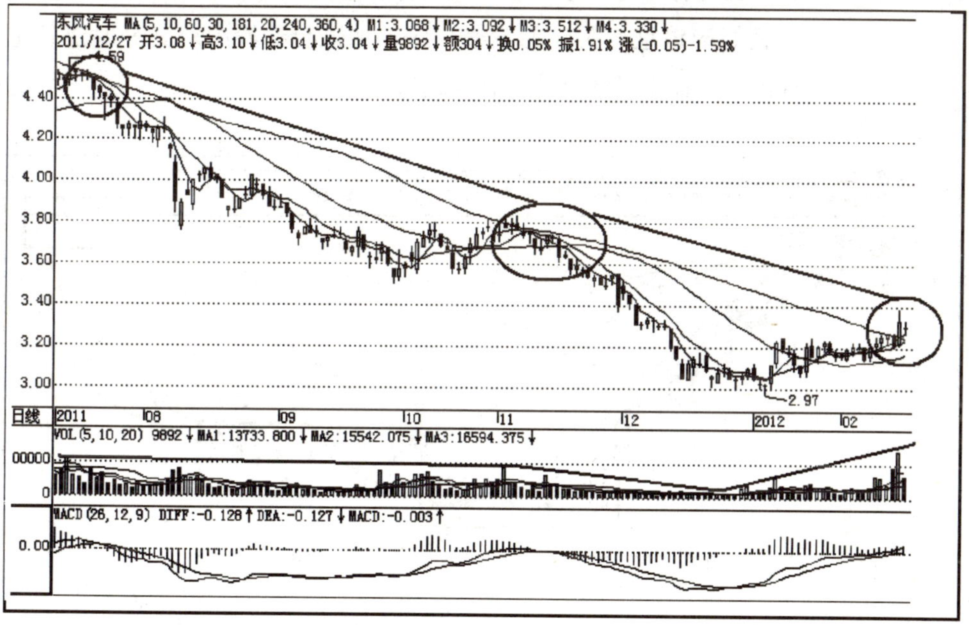

图 3-2

盘面解析(二)图3-2，600006东风汽车(2012年2月16日)。

我们通过对该股的大趋势进行综合分析，四线对该股的长期下降走势起着比较重要的压制作用。从2011年7月该股下跌开始，股价始终在60日均线的下方运行。

纵观详细趋势我们可以发现，该股在第一波大的下跌波中，股价拖动5日、10日均线相互缠绕，并伴随着成交量的萎缩逐步下行。第一波下跌中继的修正，横盘虽然带动了30日均线走平，但是当四线汇聚时，虽然有量能的配合，但是股价依然没有有效突破60日均线的压制，没有形成有效突破四线的走势。

第二波的下跌势头比第一波更加猛烈，股价沿着5日均线快速杀跌，快速杀跌引发了成交量极度萎缩，股价在下跌的末期走出了无量空跌的走势。下跌后的调整能够有效带动5日、10日、30日均线向上改变趋势。

股价在2月15日的突破可以说是下跌以来的首次突破，对其有效性进行追踪观察，有一定的操作意义。综合以上因素，该股属于我们应该重点关注的股票，应该加入自选股中对其分时进行追踪，结合盘中具体走势进行短线操作。

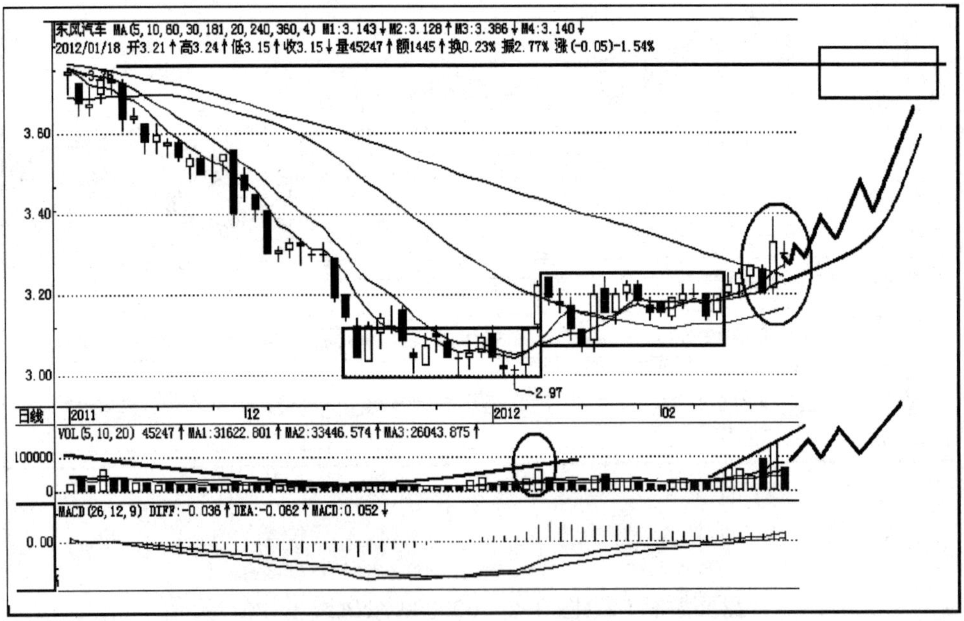

图 3–3

操作策略(一)图3-3，600006东风汽车(2012年2月16日)。

若该股的成交量配合，则一般走出顺势拉升，快速拔高的走势。在此种走势中，我们可以结合股票盘中分时的强弱，做出是否买入的判断。

若通过分时早盘我们能够推算出全天成交量的变化，只要成交量给予配合，同时盘中股价分时走势显示强势，我们就可以对其进行买进操作。买进后对其日 K 线进行追踪，只要走势强势，同时成交量给予配合，我们就可以继续持股，获取更多的利润。

此种操作策略是基于股票走强、股价持续快速推高的前提下的。我们实盘中对该股进行追踪，也是想预期到此类走势，这也是我们最希望看到的走势。

在持股过程中，获利后可以选择主动离场和被动离场两种操作方法。成交量和股票的强弱是我们是否继续持股的分析因素。

当股价接近前期高点时，作为短线交易者，我们在获利丰厚的情况下，完全可以采用主动离场的操作方式，在分时盘中寻找卖出的最佳时机。或者根据成交量的变化，发现盘中只要出现放量滞涨的走势，就可以进行主动离场的操作。

在这种走势中，我们最佳的离场方法，建议采用获利后的主动离场的操作模式。

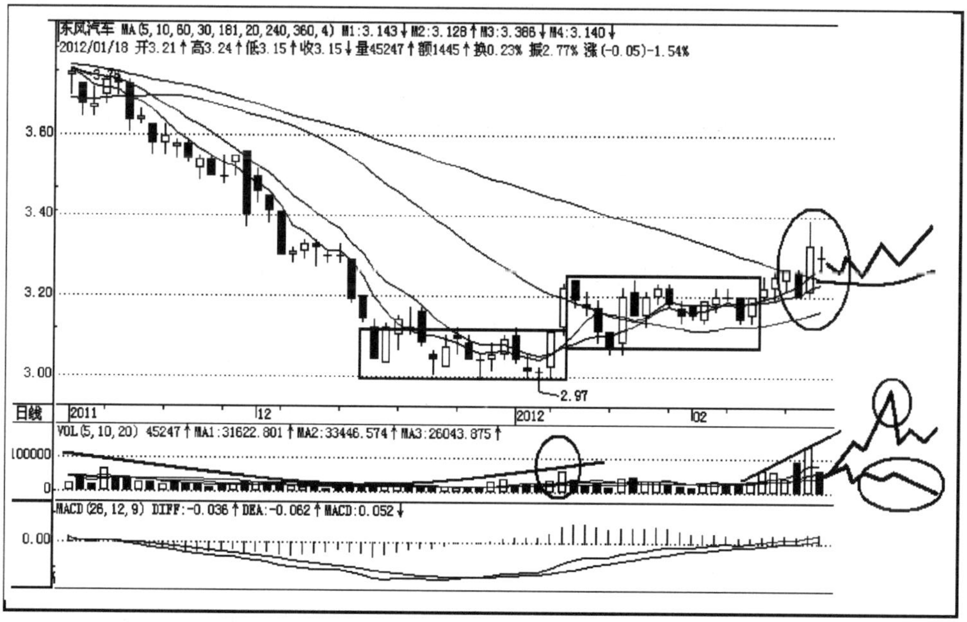

图 3–4

操作策略(二)图 3-4，600006 东风汽车(2012 年 2 月 16 日)。

预期的快速上涨不一定会准时出现，所以我们的操作策略中必须要考虑若买进后股价不能够有效快速拉升，应该采用什么样的操作方式来应对。

该股处在下跌通道后，首次改变了下跌通道的轨迹，形成了对下跌通道有力突破的走势。所以在这个初期，股价虽然能够突破下跌通道四线的压制，但是否是多空博弈中向上做多的资金占优势呢？

这个不一定。也许调整得不够充分，股价依然有下跌的可能；也许横盘的止跌已经耗尽了股票做多的能量。所以，我们要对成交量和股票的涨跌进行密切追踪。

当股价延续横盘向上慢步拓展空间的走势时，我们就可以根据成交量的变化来判断股票的内在上涨动力是否存在。若有充足的内在上涨动力，只要条件稍有成熟，股价就会快速向上拓展空间，若没有内在上涨动力，虽然股价在慢步的向上推进，但是我们依然不能对该股进行操作。

向上沿着 5 日、10 日均线慢步推进时，成交量成为我们判断是否买进该股的重要因素。若成交量放大，且温和地放大，只要股价不跌破 5 日均线的支撑，我们就可以大胆地持股。若成交量不能跟上形成量能萎缩的走势，则需要谨慎地进行持股操作，量能不济的股票要密切关注日 K 线和盘中分时走势的强弱，只要股性不强，就需要离场或者放弃对该股的追踪，若股性始终能够保持强势，无量时的强势上涨也是一种强势的诠释。

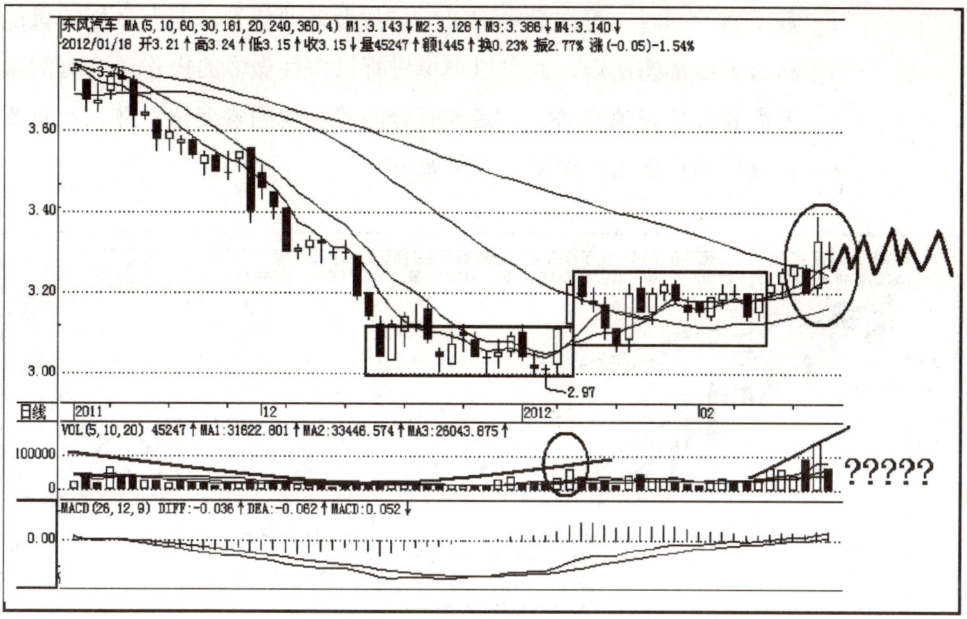

图 3-5

操作策略(三)图 3-5，600006 东风汽车(2012 年 2 月 16 日)。

比慢步上涨稍差的走势是继续横盘，股价保持当前位置，而不能延续向上的走势。在实盘中，经常长期下跌的股票，短时间横盘对四线有效突破后，继续延续横盘走势的情况比较多，可以理解为大概率事件。

第一次调整没有改变大众的惯性思维，第二次调整没有能够有效积聚到更多的能量。所以虽然对四线突破，并且股价稳稳站在了四线的上方，但是继续进行横盘调整的走势，进一步积聚能量，也是一种常规走势。

此时股价虽然保持平稳状态，但是我们作为短线投资者，必须对该股进行密切追踪，争取把握到有利的操作机会。成交量若在横盘时持续放大，我们则采取继续观察的策略。量能的放大不能有效推高股价，对该股就要保持空仓的谨慎态度，没有改变当前走势状态的 K 线出现，尽量不要进行买进的操作。

若成交量在横盘时保持持续萎缩的走势，我们在对该股进行追踪观察的同时，可在盘中积极地寻找做多的信号，若有良好的量能和日 K 线形态出现，就可以谨慎进行试探性做多的操作。此时的做多需要保持谨慎态势，一定要有分时等其他因素支持，并且一定要有良好的止损进行保障，方可做多。

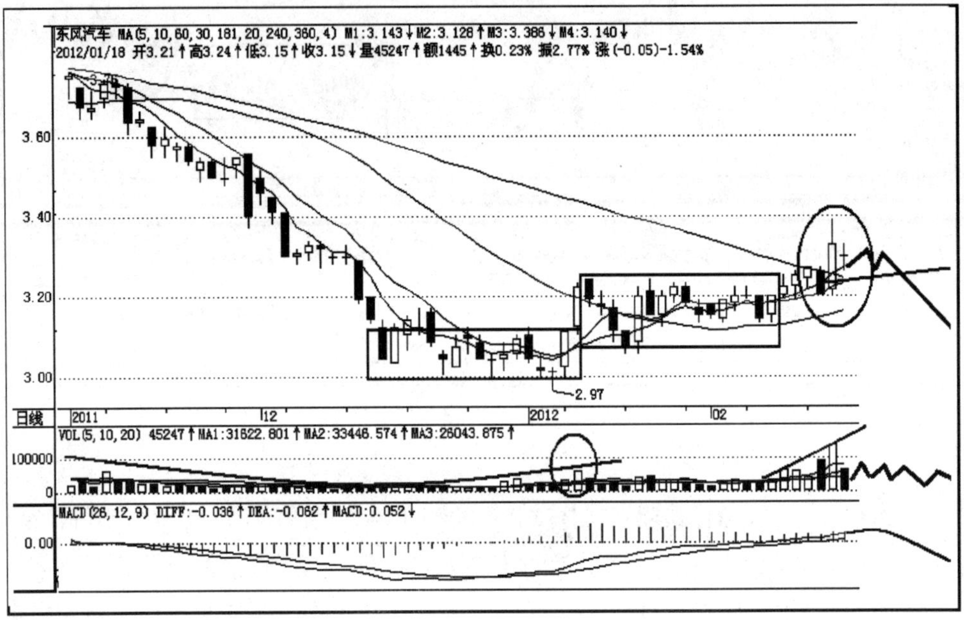

图 3-6

操作策略(四)图 3-6，600006 东风汽车(2012 年 2 月 16 日)。

对四线的突破可以说是有效突破，但是若股价不能保持在四线的上方，就要放弃对该股的持续追踪。

无论成交量是放大还是缩小，后期的走势中，若股价在首次突破 60 日均线后，快速回跌到 60 日均线的下方，那么就是宣告 2 月 15 日的上涨没有带来更多的做多动能，反而让多头完全暴露在了空方的卖压之中。

而多方的做多力量，不能有效抵抗空方的卖压，股价快速回落再次跌回 60 日均线，前期的突破宣告失败。

面对这种走势，股价在突破四线后完全能够营造良好做多氛围的位置都没有能够有效站稳，该股的弱势特征比较明显。面对显露弱势的股票，作为短线操作者必须要远离该股，放弃对该股的持续跟踪。

后期该股就算再次向上拉升，突破所有均线压制，并且走出良好的向上拓展空间的走势，我们也要对该股持有谨慎的态度，首次突破，在多方占优的情况下都没有能保持住强势特征的股票，不应该被我们短线操作者追踪买进。

第二节　600008 首创股份(2012 年 6 月 8 日)

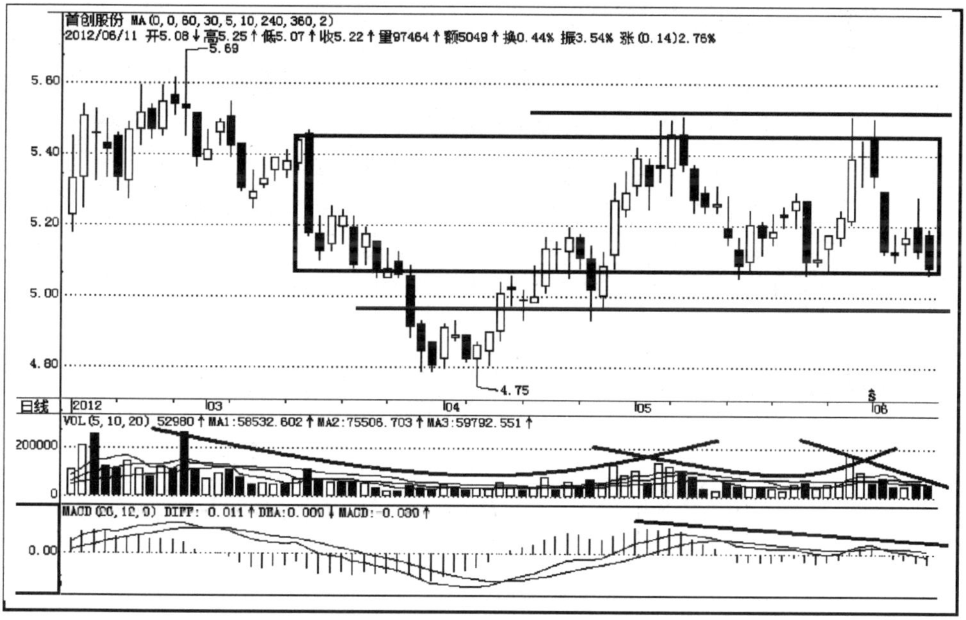

图 3–7

盘面解析图 3-7，600008 首创股份(2012 年 6 月 8 日)。

该股处在一个相对的震荡区间之中，初期股价从 5.69 元回落至 4.75 元，成交量随着股价的回调而逐步萎缩。在回落的低点，成交量出现了地量，同时股价随着抛售盘的减少而逐步走稳，形成了一个小型底部区间。

当股价止跌企稳后，在买盘的逐步推动下，股价还是回升，收复了下跌的失地。从5.69元的高点到4.76元的低点，然后再回升到相对高点，成交量的变化为一个弧形的坑状。坑状的成交量与股价涨跌的配合，说明股票抛压盘被市场逐步消化，在市场的自然博弈下，买盘只要出现，股价就被推高至前期高点。

在相对高点位置股价开始走出了一波比较规整的横盘走势，当该股日K线走到6月8日时，两个相对的高低点明显地摆在了我们面前。此时成交量的高位放量，低位缩量，中规中矩。

箱体震荡的高点上有双层压力，低点上有双层支撑。当前，股价处在箱底位置，成交量萎缩，在支撑位置上属于高概率上涨的位置，所以我们可以对该股进行跟踪观察，制订相应的操作计划。值得注意的不利因素有MACD指标出现了背离走势，股价两个高点相同，而MACD指标的第二个高点明显低于第一个高点位置。

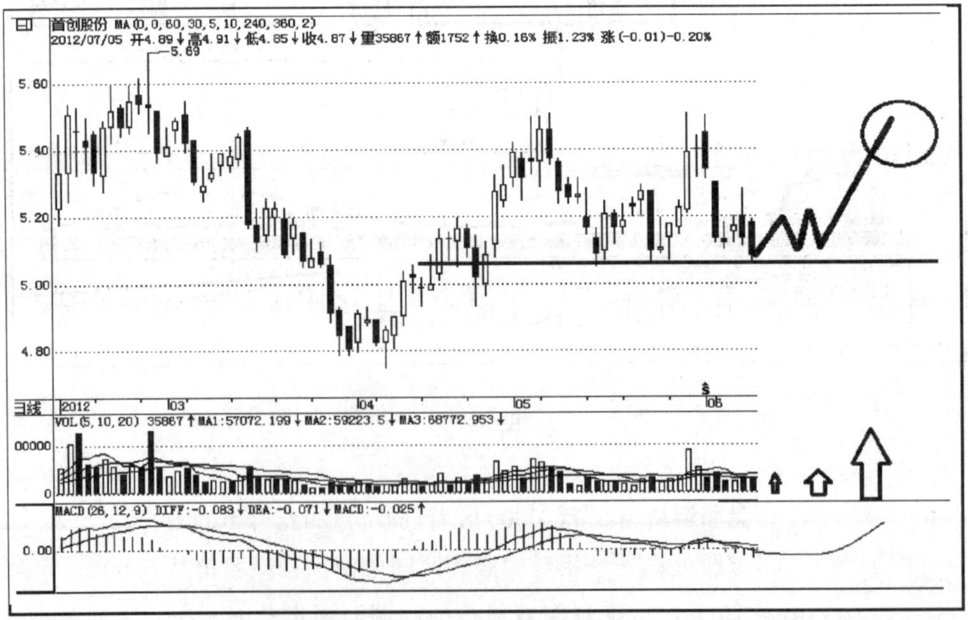

图3-8

操作策略(一)图 3-8，600008 首创股份(2012 年 6 月 8 日)。

当前位置属于一个多空平衡的位置，倘若大环境没有给个股带来多空的冲击，那么，大概率发生的事件是受到支撑位置的支撑而出现上涨的走势。

在该位置，股价受到支撑而不跌时，我们要对该股进行密切跟踪，只要盘中分时走势支持上涨，股价的每一步抬升都显现出强有力的内在上涨动力，我们就可以对该股进行买进。

买进后的上涨在成交量的配合下快速而有力，温和放量的上涨是健康的上涨，此时我们只要跟随量能的变化，并对盘中股性进行准确的判断，就可以稳步地实现短线的持股获利。

当然，这种走势也是我们所预期的比较完美的走势，在此种走势中，我们可以在股价达到前期高点附近进行主动性的离场操作。低点买进，高点离场，低吸高抛，实现短线获利。

虽然主动离场后，股价有可能会走出冲破前期高点，再创历史新高的走势，但是我们所做的是 1～5 个交易日的短线操作，所预期的收益也是在这个箱体中的空间收益，所以后期是否会继续上涨，与我们的本次操作无关。

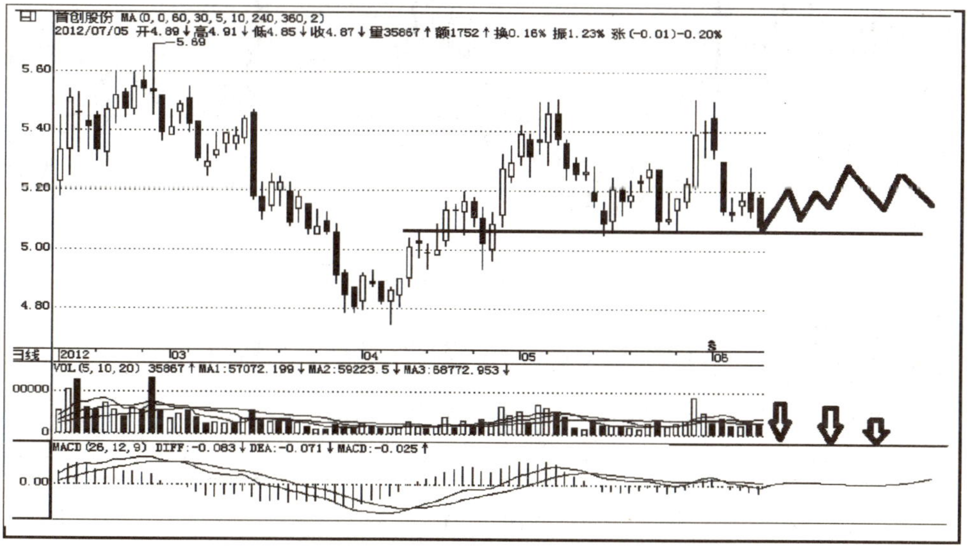

图 3-9

操作策略(二)图 3-9，600008 首创股份(2012 年 6 月 8 日)。

股价若受到支撑有效，出现快速拉升则是一种积极的走势，而在支撑位置横盘不跌也是一种支撑有效的表现。

当股价在箱底位置横盘不跌时，我们需要对该股进行追踪观察，从盘中寻找买入时机，但不要随意地买进。通过将该股放进自选股中观察，了解股性的强弱，寻找分时中的操作机会，当买点出现时可以进行谨慎地买进，而买点不明显时，坚决等待和观察。

支撑有效，而不快速拉升的走势，往往会伴随着成交量的萎缩，成交量萎缩是一种平衡状态下的消极走势。投资者不主动地买进，也不主动地抛售，只有股价上涨或者下跌打破此时的平衡，才会有更多的买盘和卖盘对其进行操作。

我们要做的事情就是跟随市场的波动，观察资金的动向，从盘面中的蛛丝马迹，读出做多投资者和做空投资者的强弱，待市场通过自然的资金博弈选择了方向以后，我们再跟随市场进行买卖决策。

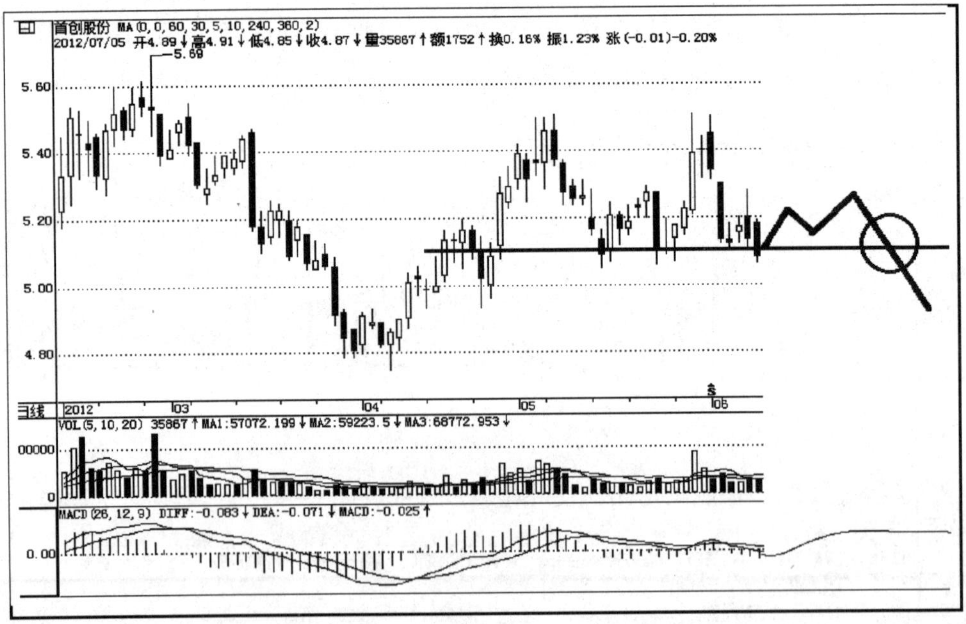

图 3-10

操作策略(三)图 3-10，600008 首创股份(2012 年 6 月 8 日)。

所有的支撑都有一定的支撑效应，但是并非所有的支撑一定能阻止股价的下跌。在箱体的底部虽然有双层的支撑对股价的下跌起到支撑的作用，但是，若盘面显弱，股性不强，在这个关键位置，出现破位下行的走势也很正常。

我们对该股进行跟踪观察的主要原因就是股价处在了一个重要的支撑位置，当这个因素消失时，我们必须对该股采取放弃买进的操作策略。

股价只要跌破箱体的底部，处在箱底的下方，无论是放量下跌跌破，还是缩量下跌跌破，手中持有筹码需要立即卖出离场，对该股进行追踪观察，暂时放弃买入计划，这都是上策。

破位的股票，我们不能给其定性为必跌，但是，我们必须要对其放弃买进。

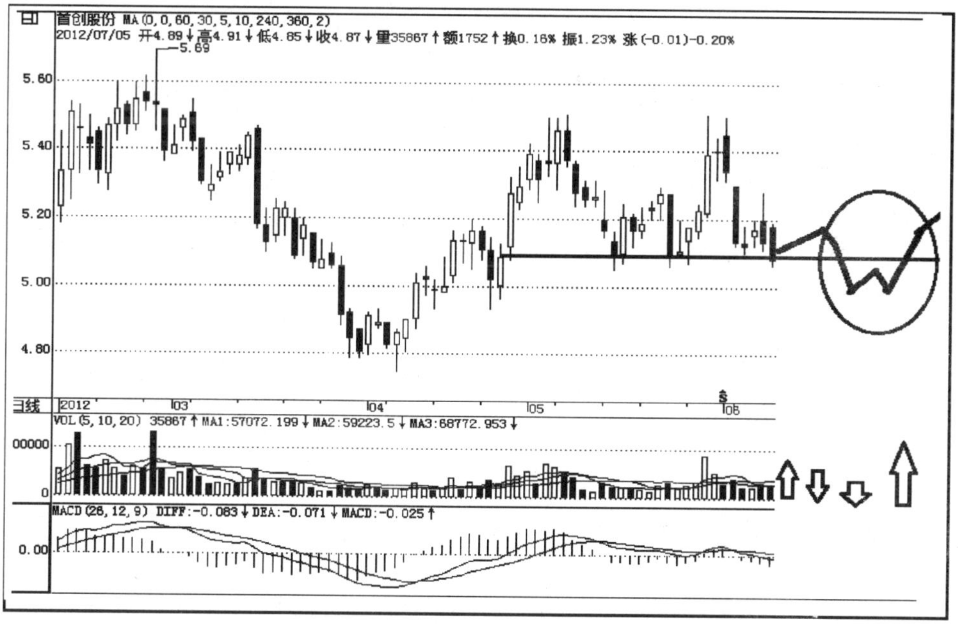

图 3-11

操作策略(四)图 3-11，600008 首创股份(2012 年 6 月 8 日)。

当市场处在平衡状态时，多方或空方的主动出击会打破这种平衡，只有平衡被打破，才会有接下来的资金博弈，这就是我们常说的空头陷阱和多头陷阱。大多数投资者认为多头陷阱和空头陷阱是主力资金有意识地进行骗线的操作，笔者不这么认为。

所谓的空头陷阱和多头陷阱，其本质是多空博弈资金力量的一种集中宣泄后的衰弱表现，用明显的多头强势突破后所消耗的量能，使得多头力量衰竭，同时，市场的跟风盘随之耗尽，接下来自然是空方力量主导市场。

同样，用明显的空头强势打破明显的支撑位置，当抛售的力量衰竭后，做多资金只要入场，随后将会很轻松地将股价抬升。

对重要支撑有效突破后，随后在成交量的配合下，股价再次回到箱体底部的上沿，股价破位被有效化解时，是我们进行大胆买进的时候。在此时，只要成交量给予配合，分时特征显示强势，我们就可以寻找一个良好的买点入场，进行短线投机的操作。

第三节　600010 包钢股份(2012 年 3 月 14 日)

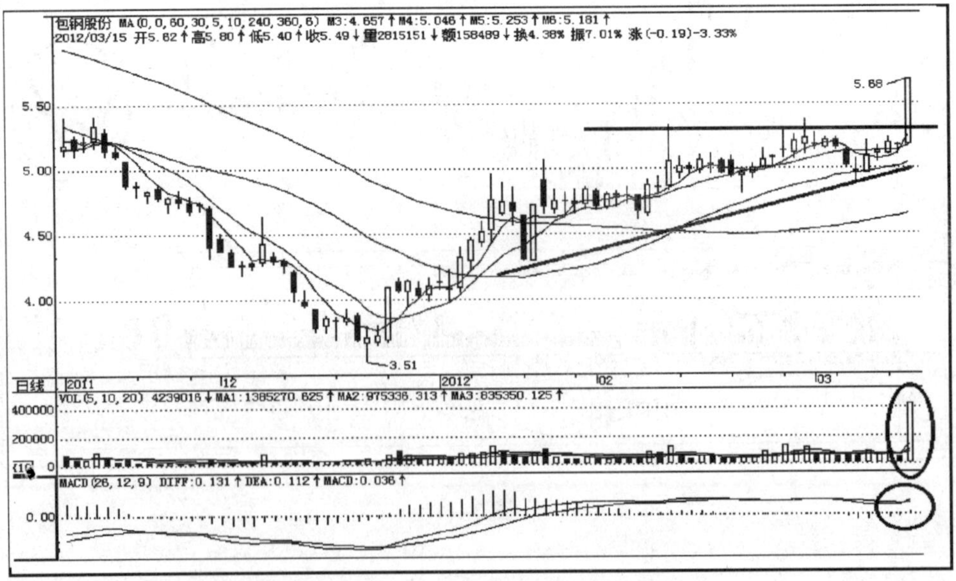

图 3–12

盘面解析(一)图 3-12，600010 包钢股份(2012 年 3 月 14 日)。

该股前期处在一个下降趋势之中，下跌沿着 5 日均线缩量快速下跌，盘中几次对 10 日均线有所攻击，但都以失败而告终。

当股价跌到 2011 年年底 3.5 元附近后，开始止跌有所攀升，经过为期一个月左右的上涨后，股价对 5 日、10 日、30 日和 60 日均线有效收复。股价站上四条均线上方后，该股的下跌趋势正式宣告结束。

通过对该股 2～3 月份的追踪我们发现，该股在见底回升到一个相对高度后，股价虽然整理清洗获利和解套筹码，但是压不住上涨的欲望，调整不下来，有逐步向上慢步推进的势头。

3 月 14 日，该股突然放出巨大的量能，以一根巨大的阳线向上打破了横盘的走势，表现出异常强势特征。该股在当日引起了诸多投资者的关注，放巨量大阳线也让该股形成了一个强有力的上攻势头。

综合盘面因素，前期的上涨是一种非常良性的推升，当日的突破也是一个非常良性的突破，从 K 线形态上，我们完全可以在当日股性显示强势的时候，同时日 K 线能够预期出放量拉升的情况下进行买进操作。

但是，巨大的成交量给该股带来了一定的隐患，较大的量能和巨大的阳线形成了孤量巨阳，让我们有必要对该股进行综合分析判断，制订周密的操作计划。

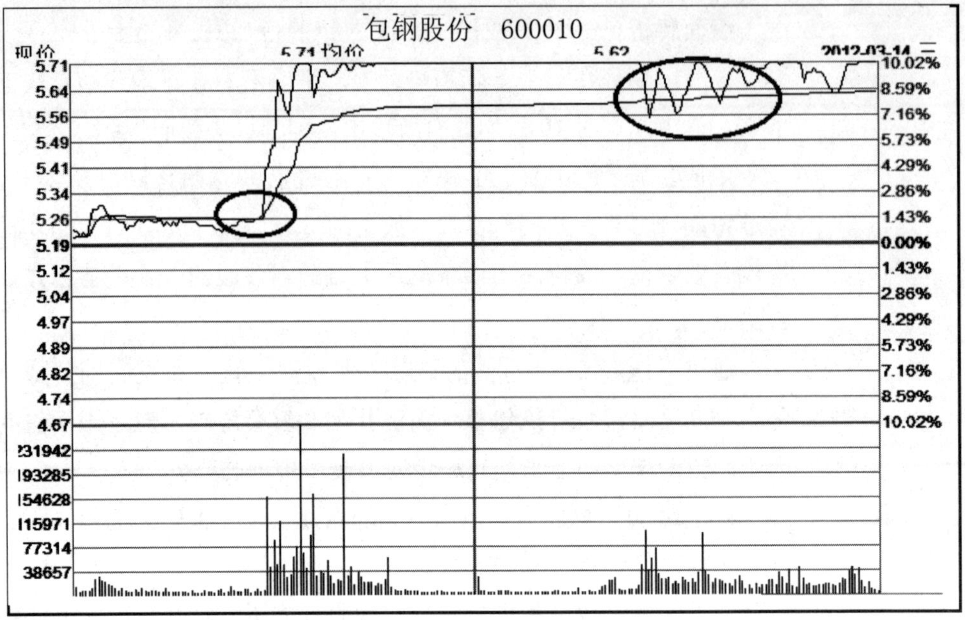

图 3-13

盘面解析(二)图 3-13，600010 包钢股份(2012 年 3 月 14 日)。

追踪该股 3 月 14 日的分时走势，早盘直接高开，然后放量上攻将分时均价线拉上了一个新的台阶。放量上攻后的股价没有采用占领高地的走势，而是采用了主动缩量回调后，在分时均价线的下方缩量横盘调整的走势。

经过分时均价线下方的蓄势，临近 10:30 股价放量快速拉升，巨大的量能迅速将股价推升到了涨停的位置。如此快速地拉升，没有给我们留下太多的跟进机会。涨停位置的巨大量能，让该股当时就在日 K 线上形成了一个放量的巨大阳线，以涨停板的走势形成突破，并且是采用直接快速拉升到涨停板的强势突破，让该股显得异常强势。

随后下午股价打开涨停板，首次涨停出现打开涨停板的走势属于常规走势。在相对高位，所有获利盘和前期套牢盘见到机会主动进行卖出，而做多的主力资金制造机会吸收更多筹码，往往会采用此种走势。

巨大的量能和快速地拉升虽然给了我们一个操作的良好环境，但是过度的放量和过于快速地拉升，对该股的能量消耗也比较巨大，对该股进行追踪，制订周密的操作计划后再操作为首选。

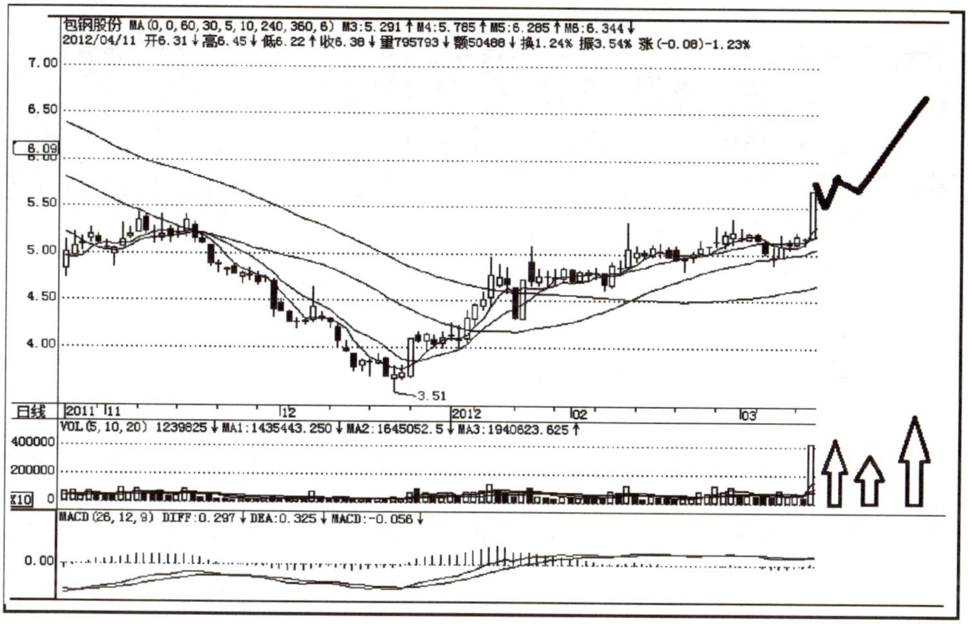

图 3-14

操作策略(一)图 3-14，600010 包钢股份(2012 年 3 月 14 日)。

若该股 3 月 14 日的涨停属于标准的强势涨停，而股价确实有进一步快速推升的内在动力，则会出现快速放量持续拔高的逼空走势。

这种走势往往出现在个股的主升阶段，通过对该股前期的观察，蓄势时间比较充分，同时在横盘蓄势期间，该股的成交量配合比较完美，股价调整不下跌，显示出内在的上涨动力，完全具有快速拉升的能量。

我们对该股进行跟踪，最为理想的是希望把握住此类快速拉升的主升浪，所以，只要孤量的不良因素被有效化解，我们就可以大胆地对其进行买进操作，依照 5 日均线的走势，盘中密切跟踪分析股性的强弱，就可以实现较为可观的收益。

对孤量的化解最为有效的走势是成交量的持续跟上，后期成交量只要能够持续保持相对的高量能，对股价的上涨就会起到良好的助涨作用。在此高位若想出现不调整的持续快速拉升，也必须有成交量的支持，用充分的量能换手，来消化掉获利抛盘的抛压。

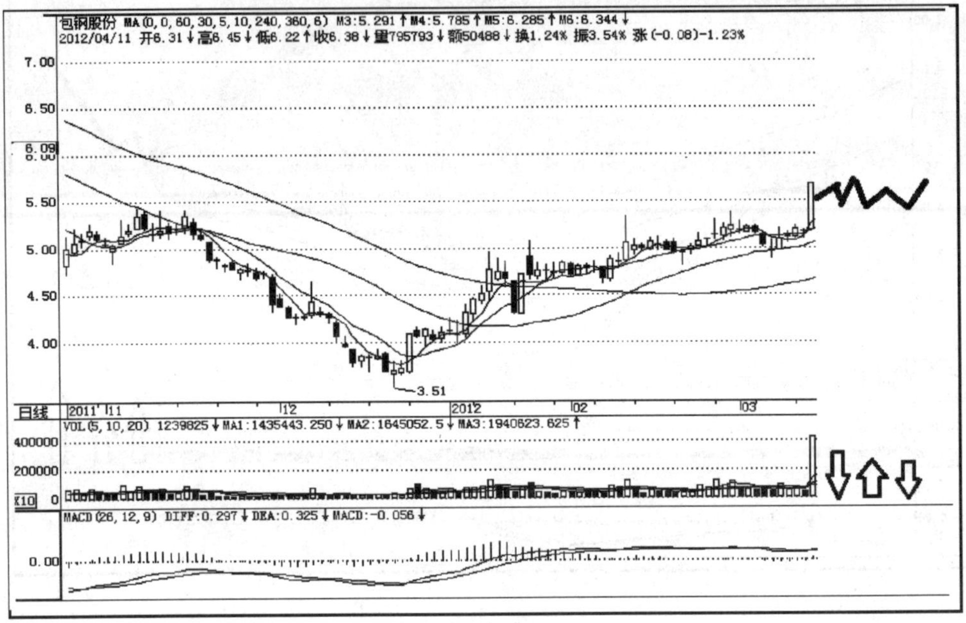

图 3-15

操作策略(二)图 3-15，600010 包钢股份(2012 年 3 月 14 日)。

3 月 14 日的巨量巨阳对做多的资金消耗较为巨大，我们不能够准确掌握场外做多资金的多少，但是，我们可以通过盘中诸多信息，来观察分析出场外资金对股价的支撑力度有多大。较多的能量消耗后，股价保持平衡状态，维持在高位不跌，也是一种强势的表现。

当股价位置在大阳线的中上方横盘不跌的时候，是我们对该股进行持续跟踪观察的时候。股价处在高位，采用被动等待的方式对前期的获利盘进行充分的消化，蓄势是为了再次拉升，所以不应该消化太多的做多资金，成交量应保持相对缩减的状态。

在操作策略上我们面对高位横盘的走势，只要成交量能够保持相对缩减的走势，就将该股放在自选股中进行持续地跟踪观察。当盘面再次发生变化，我们再根据盘中变化制订买进或者放弃跟踪的操作计划。

若股价保持相对高位的横盘走势，而成交量持续放大，则形成了放量滞涨的走势。若股价走出上蹿下跳，高开低走，长上阴线等波动剧烈的走势，同时伴随放量滞涨，就需要暂时放弃的该股的买进计划。只有股价再次向上有效拓展空间后，再根据盘面的走势制订另外一个新的操作计划。

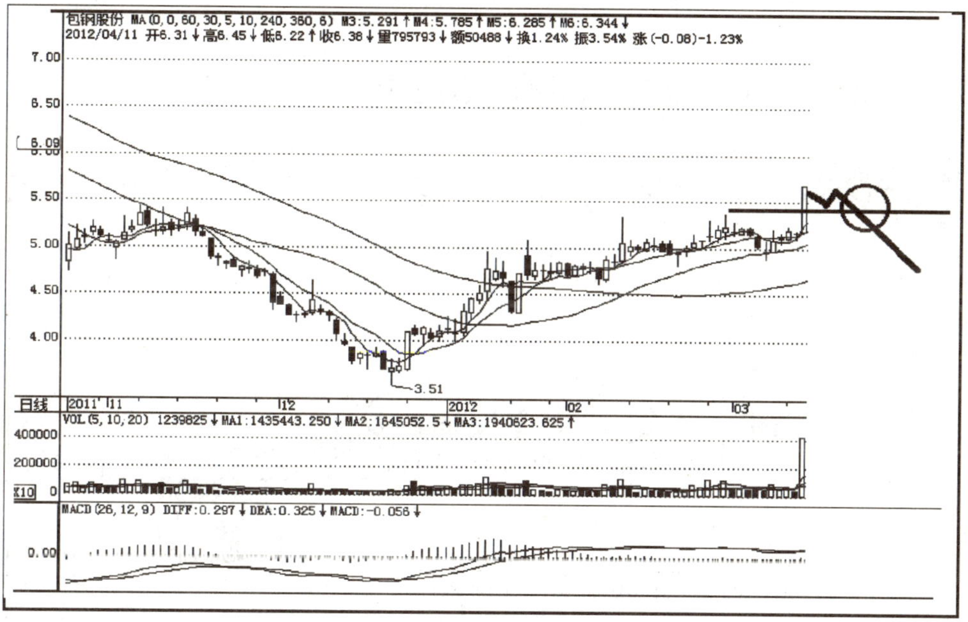

图 3-16

操作策略(三)图 3-16，600010 包钢股份(2012 年 3 月 14 日)。

无论该股的日 K 线走出如何的形态，3 月 14 日阳线实体的中轴与前期高点的价位是不能被向下突破的。

3 月 14 日阳线的突破就如同股价向上拓展空间的冲锋号，股价在该阳线实体的上方波动是强势的表现，一旦跌破该阳线实体中轴，则宣告突破失败，我们对该股进行关注的主要因素将消失，依照前期我们所讲过的买入因素消失后，必须对该股采取放弃策略，放弃买进计划。

巨大的孤量是该股的最大隐患，而巨大的阳线是该股的重要支撑，巨大隐患被化解后是我们买进的因素，而重要支撑被打破后，也是我们放弃对该股进行追踪买入的重要因素。

若该股对 3 月 14 日阳线进行强有力的回踩，空方走出非常轻松的吃掉巨量涨停大阳线的走势，那么，我们不但要对该股今日的走势谨慎对待，若后期该股再次向上突破高点，则依然要对该股进行重新论证，并且要把此次跌破阳线的走势考虑到分析因素之中。

第四节　600012 皖通高速(2012 年 2 月 21 日)

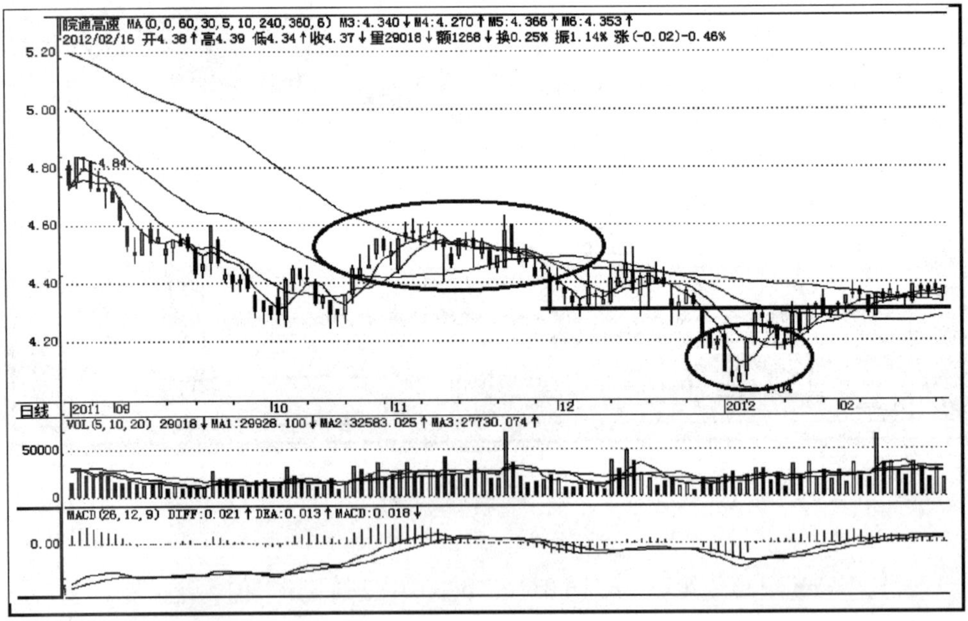

图 3-17

盘面解析图 3-17，600012 皖通高速(2012 年 2 月 21 日)。

皖通高速 2011 年下半年始终在下降趋势中运行，要想改变这种下降趋势的束缚，就必须通过横盘或强有力的上涨来打破下降通道。

10 月初该股首次止跌企稳，股价拉升到 4.5 元高度后，保持了为期一个月的横盘整理，在横盘整理期间，成交量保持了温和放量，并且股价牵引着 5 日、10 日、30 日、60 日均线四线走平，有效打破了下降通道。

第一次整理没有能够形成新一轮的上涨行情，随后该股再次向下拓展空间，下降一个台阶再次进行了横盘整理，随后再打破整理平台，在圈示位置 4.04 元处再次止跌后向下回调形成了第三次整理区间。在随后的几次横盘整理期间，该股量能相对温和，上涨温和放量，下跌逐步缩量，对股价的走势起到良好的作用。

2012 年 2 月 21 日经过为期半年的调整，股价在四线上方牢牢站稳，并且保持了良好的稳定状态。在这个位置，既是有效突破四线的位置，也是股价返身回到调整区间的位置，我们有理由对该股进行重点观察，从中寻找有利于做多的蛛丝马迹，在合适的时机出击进行为其 1～5 个交易日的短线操作。

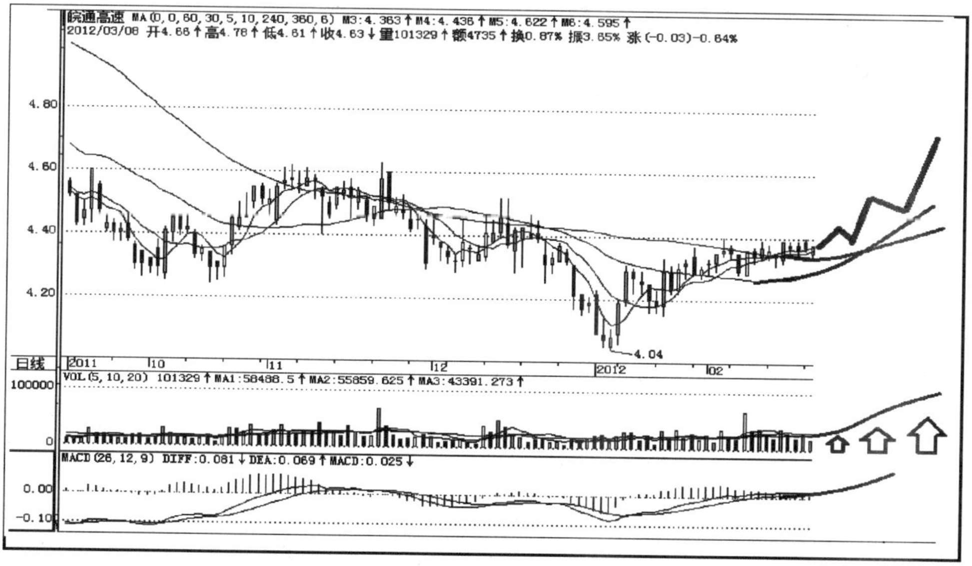

图 3-18

操作策略(一)图 3-18，600012 皖通高速(2012 年 2 月 21 日)。

股价的上涨需要成交量的配合，有效的量能配合，可以反映出市场资金对股价上涨的支持，有了活跃资金的支持，不但可以有效化解抛压盘所带来的下跌压力，同时可以对股价的上涨有着本质的推动作用。

该股当前虽然突破了四线，但是上面面对着前期的两个相对高点，一旦接近或者突破前期高点位置，就会形成解套抛压和获利抛压，有效的量能支持和活跃的交易买入是化解这些矛盾的最有利因素。

在 2 月 21 日对该股进行追踪或者买入，最想看到的就是随后股价快速上涨，同时成交量放大对股价的上涨形成支撑。在有量能的上涨支撑下，我们可以对股价上涨的高度预期得更高一些，突破前期高点后，只要上涨势头保持良好，5 日均线支撑效果明显，我们就可以放心持股。

量能的温和放大是一个重要因素，在相对高点位置，我们要规避的是突发的巨量，怪异的巨量和放量滞涨所带来的风险。也可以在预期到这些不利因素的时候，立即离场。

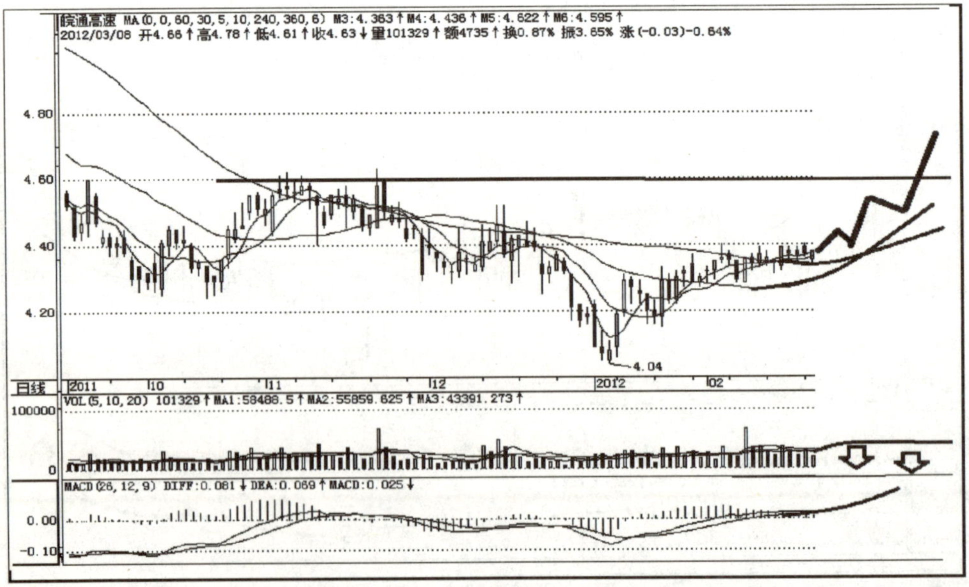

图 3-19

操作策略(二)图 3-19，600012 皖通高速(2012 年 2 月 21 日)。

股票的上涨可以以很多方式完成，在上方抛压消耗殆尽的时候，不需要成交量的推动，股价依然可以上涨。但是，没有量能推动的上涨，需要区别对待。在全盘惜售，所有投资者持股心态比较稳定的时候，形成的无量上涨是良性的，而在股价上涨的初期，获利压力、解套压力频出的位置，没有交易量的上涨是危险的。

如果没有做多力量的持续支持，更是即便是上涨，我们也要保持谨慎的持股心态，在预期压力来临之前，采取主动离场的方式结束对该股的短线操作。

1～5 个交易日的操作优势就是可以实现快进快出，发现机会进去后可以随机应变，在情况不利的条件下，依然可以通过对盘面的准确把握实现微利离场。

分时盘面的支持，可以让我们寻找低点入场，股性表现不强，没有达到我们预期的走势，支持持续持股的因素不多，我们就可以快速离场。

在前期高点位置，对分时盘中表现要密切关注，只要股性不强，量能不济，对后期的上涨预期不好，就要主动离场后寻找下一个操作机会。

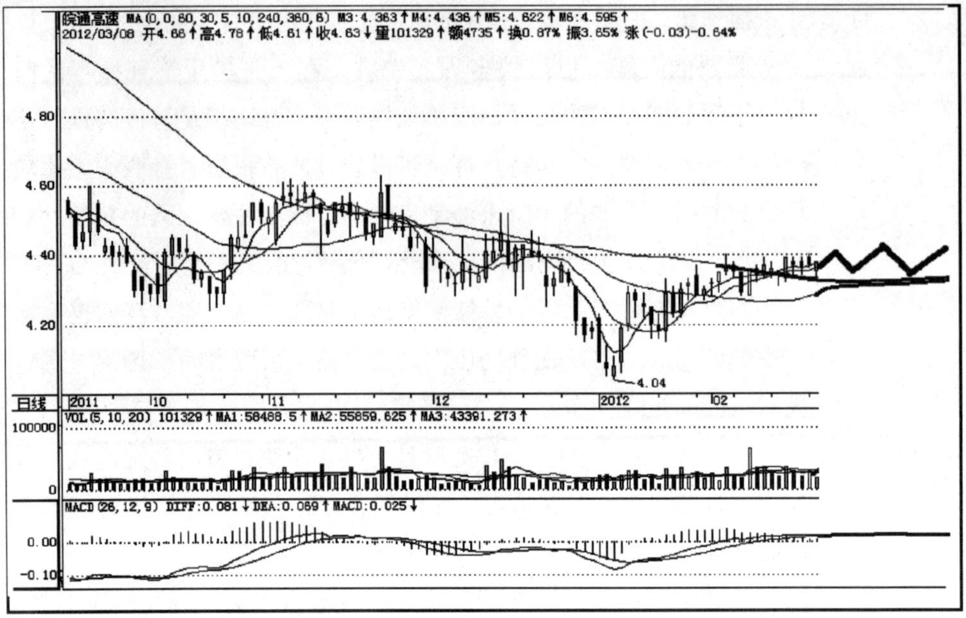

图 3-20

操作策略(三)图 3-20，600012 皖通高速(2012 年 2 月 21 日)。

一只股票调整时间的长短，取决于多空资金博弈的胜负。只要多空双方保持平衡状态，在没有外力推动的情况下，股价就能始终保持横盘整理的走势。

虽然股价有效站上了 30 日、60 日均价线的上方，改变了下跌的趋势，但是并不一定代表着多方占优。

面对多空平衡的状态，盘中股价持续保持横盘的走势，我们的操作就需要进行等待和观察，在股价选择方向、盘面发生变化后再对其进行操作。盘面不变，我们不变，盘面不动，我们不动。

这里所说的盘面变化不仅是股价的涨跌变化，还包含成交量的变化、盘中股性强弱的变化、指标线的修复，以及股票所处大环境的变化。在股票处在横盘区间时，我们要做的就是把该股放进自选股中进行跟踪观察。

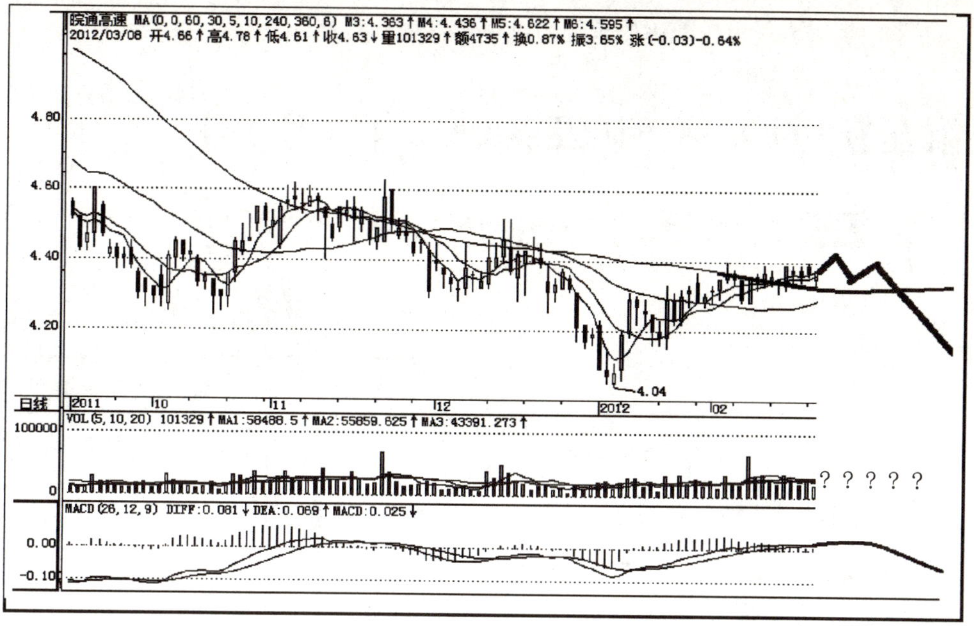

图 3-21

操作策略(四)图 3-21，600012 皖通高速(2012 年 2 月 21 日)。

股价已经经过了前期有效的探底，并且在 2011 年的下半年进行了充分的横盘走势。充分调整后的第一次探底回升，我们可以理解为对底部的有效确认，那么若再出现第二次对底部进行确认的下跌走势，就显现出了该股的弱势特征。

所以，该股若走出第二次的下跌走势，我们就理应放弃对该股的短线追踪。

下跌的幅度和标准应以四线为准，股价刚刚站上四线并形成了有效突破，四线对该股的上涨理应起到推动作用。所以只要股价再次有效跌破 30 日和 60 日均线，我们就对该股进行放弃，持有该股的也应立即进行止损操作。

下跌无论采取放量的方式还是缩量的方式，只要股价的位置跌破支撑，就算是有效的跌破。在日 K 线上，股价形成对前期低点的再次冲击时，我们对该股的二次止跌，或者双重探底的走势不要抱有预期。要想再次操作，必须要等到股票走势再次转强，达到我们所要操作的预期条件后，再进行追踪观察。

第五节　600058 五矿发展(2012 年 5 月 2 日)

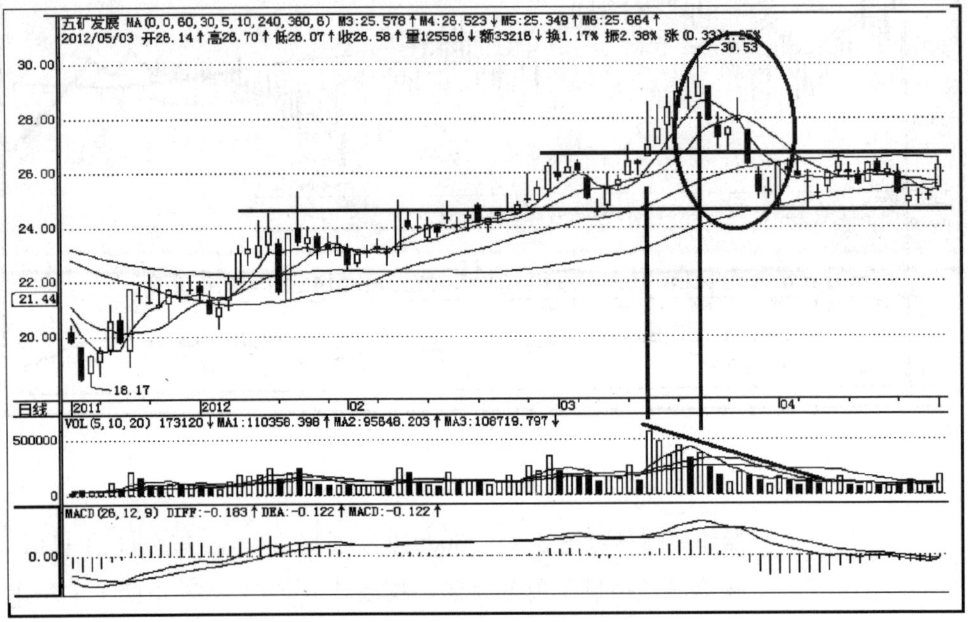

图 3-22

盘面解析图 3-22，600058 五矿发展(2012 年 5 月 2 日)。

五矿发展从 2011 年 12 月份以来，走出了止跌后的反弹行情，股价从 18.17 元一路攀升，先打破了 5 日、10 日、30 日、60 日四条均线的压力之后，一步一个台阶地向上攀升到了 30.53 元的高点。

在上升的过程中，成交量温和地放大，对股票的上涨趋势给予了强有力的支撑。每次上涨都伴随着一个平台被有效打破，上涨速度不温不火，上涨和清洗浮筹同时进行，使得上涨显得坚实而有力。

股价在最后一波连续拉阳线拔高到 30.53 元阶段，高量能并没有出现在上涨的最高点，而是出现在突破点上，这给后市进一步上涨埋下了伏笔。

在股价见到 30.53 元高点后，长期的上涨迫使股价展开了一波快速地下跌行情，股票缩量下跌到 60 日均线附近，然后直接开始横盘。横盘期间，成交量继续保持萎缩状态，各项指标有效修复，股价波动相对平稳。

在 4 月底 5 月初，该股缩量打破了横盘期间多次支撑有效的 60 日均线，在 60 日均线的下方走出了为期 3 个交易日的缩量小 K 线。随后在 5 月 2 日，以一根放量的阳线再次收回 60 日均线失地，重新返回横盘区间。

走出打破重要支撑和重要均线后，缩量坚挺不跌，随后放量收回失地的走势，是我们可以重点关注的操作模式，因此，需要把该股放入自选股票池中，进行重点跟踪和综合分析。

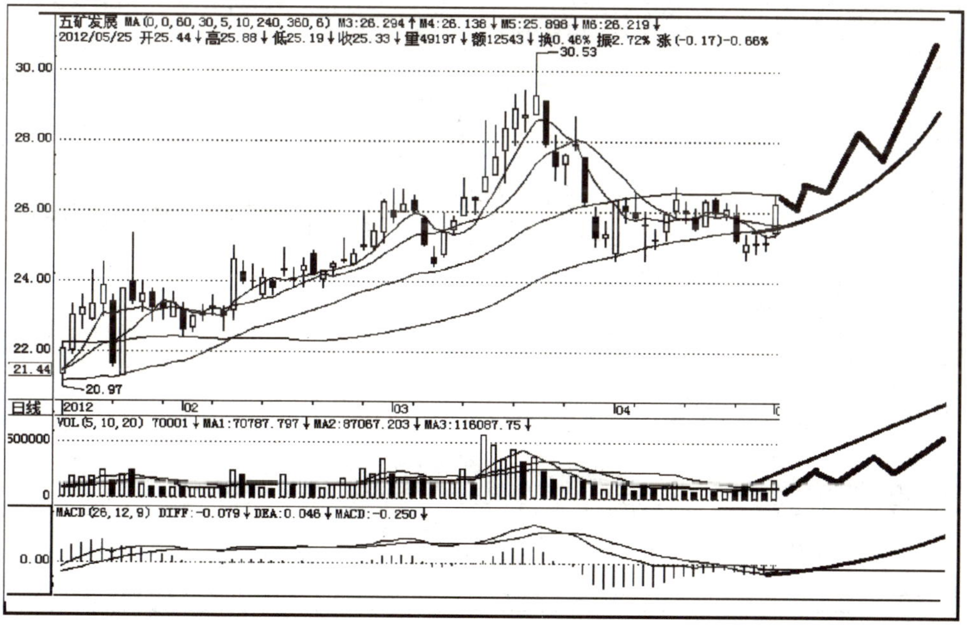

图 3-23

操作策略(一)图 3-23，600058 五矿发展(2012 年 5 月 2 日)。

在 5 月 2 日大阳线的下方，除了有 60 日均线和横盘低点的有效支撑外，还有前期上涨平台有效突破的远期支撑，多支撑上的假破位，然后被放量阳线有效拉起，是我们看好该股的一个重要因素。

基于这个因素，我们可以对该股进行买入操作，日 K 线所处的位置和形态，支持我们大胆入场进行 1～5 个交易日的短线持股。

当然，实盘中的买入，必须要结合分时走势的跟踪，通过对股价波动进行“五度”分析，来准确判断股票的股性强弱，寻找最佳的买入时间和买点。

买入后的最佳预期模式是放量持续上涨，若能突破前期的新高，则该股将会出现最为有力的快速拉高走势。操作的重点就是量能温和放大、量能要基于股价上涨最有力和最完美的支撑。

初期 60 日均线是该股的有效止损线，后期 5 日均线和量能的配合与否是持股时间长短的重要依据。

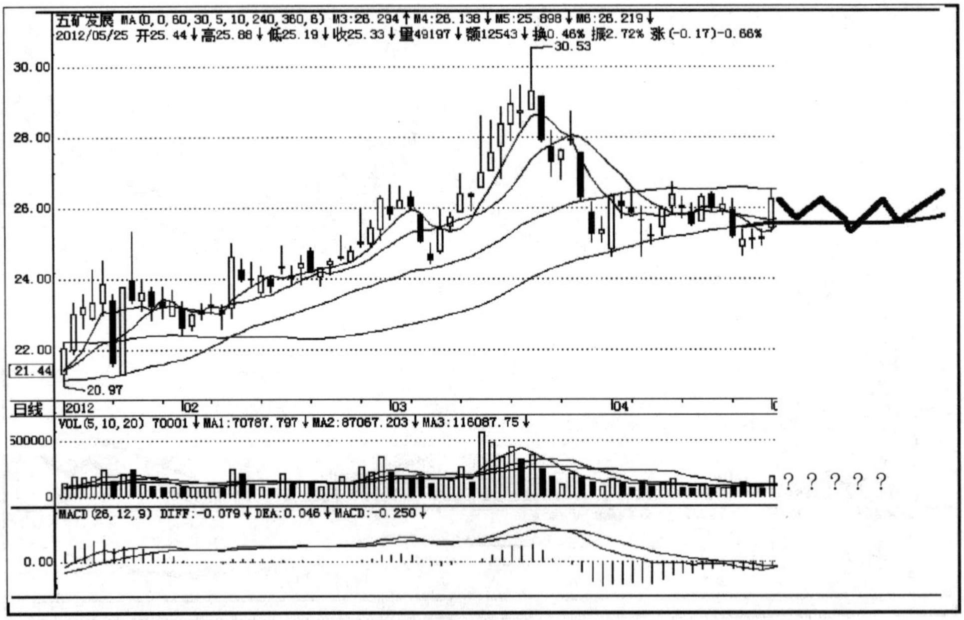

图 3-24

操作策略(二)图 3-24，600058 五矿发展(2012 年 5 月 2 日)。

如果该股的上涨动力不足，将会出现继续长期横盘的走势，长期横盘走势在实盘中，我们从分时中找不到比较合适的买入时机，同时通过对股票实盘强弱的跟踪，能够避免提前入场。

横盘走势只要能够始终保持在 60 日均线的上方，我们就可以继续对该股进行持续跟踪，等待操作时机的到来。横盘期间需要我们继续关注成交量的变化，成交量的变化是我们判断该股在横盘期间资金博弈的一个重要因素，股价的上涨需要量能配合，同样的横盘是否是良性，对股价后期的方向选择的真假都有着重要作用。

横盘的后期也可通过对 MACD、BOLL 线等指标进行综合分析，通过各指标的语言来判断股价波动的本质。

总之，在 60 日均线上方的横盘走势，我们所采取的策略就是跟随和等待，股价波动不给出准确的操作信号，我们就按兵不动。分时跟踪没有给出股性强弱的信号，我们就按兵不动。

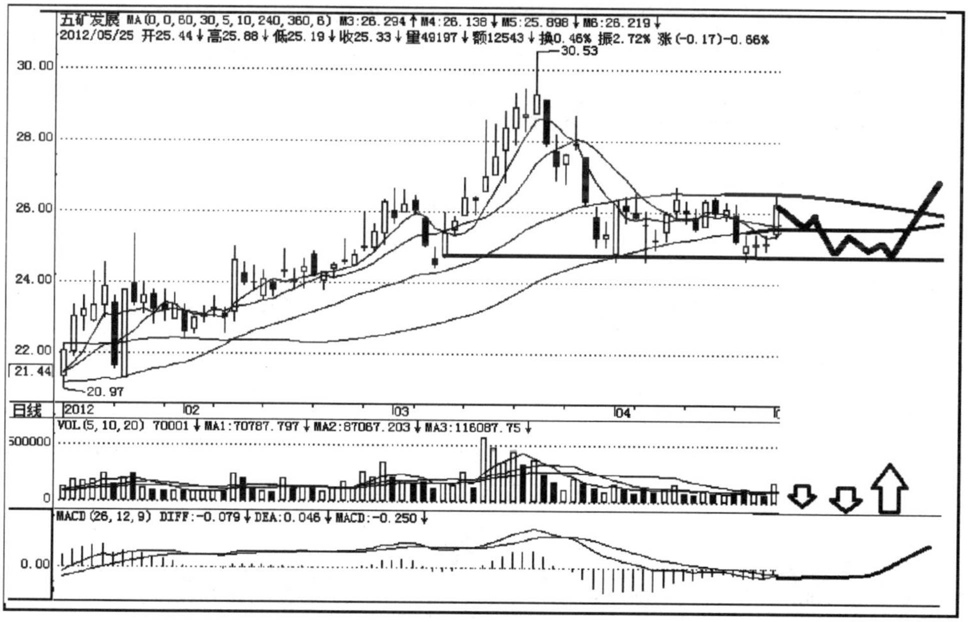

图 3-25

操作策略(三)图 3-25，600058 五矿发展(2012 年 5 月 2 日)。

缩量下的横盘，有时候会出现打破后收复失地，再打破支撑再收复失地的走势。这种走势出现一次，反映的盘中信息是该股具有内在上涨动力。在很短的时间里出现两次，反映出来的盘中信息是该股有很强的上涨欲望，若当时大环境预期不好，则该股处在强烈的反抗状态。若出现第三次打破支撑后再快速收回，则该股股性开始走弱，支撑将会不复存在。

当股价第二次缩量快速打破60日均线的有效支撑后，因为下方依然有第二条支撑线对股价起到支撑作用，所以若能缩量瞬间短期调整后，再次在成交量的配合下向上收复失地，那么我们对该股的关注力度将加强。

有了量能的配合，股价快速拉升的概率将增加。第二次站上60日均线后，只要盘中分时显强，符合我们对个股的买入操作模式，实盘中就可以设置好止损价格，然后大胆买入。

买入后要对量能进行密切跟踪，对股性进行持续判断，强势的上涨我们就大胆持股，收复失地后依然显弱，就果断地快速离场。

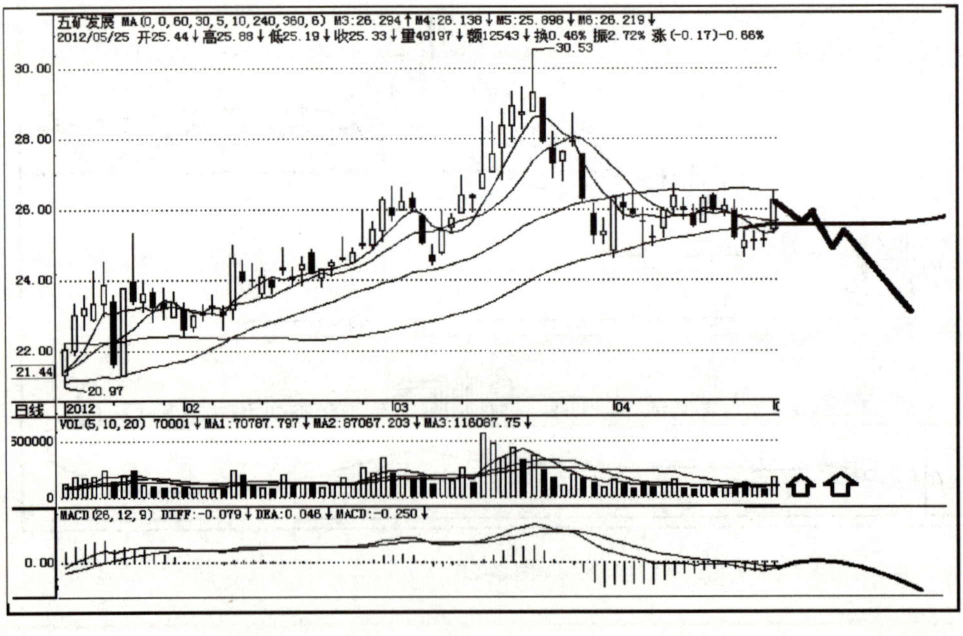

图 3-26

操作策略(四)图 3-26，600058 五矿发展(2012年5月2日)。

不是所有的支撑都能阻止股价的下跌，也不是所有的支撑都能让股价返身向上。60 日均线上方我们可以对该股进行跟踪和寻找操作的机会，60 日均线下方我们要警惕，且不采用任何买入的操作。

而股价若采取快速下跌的方式对 60 日均线进行向下突破，则要放弃对该股的任何操作和持续跟踪。

下跌的速度、力度和成交量的变化是我们判断跌破重要支撑位置是否有效的重要因素。大力、快速地杀跌，是该股表现弱性因素，股性偏弱，重要支撑位置被打破，后期若要收复失地则难度较大。

成交量放大的快速下跌，也是该股弱性的表现，伴随量能放大的下跌，往往是盘中持股者对股价下跌的认同，没有更多的接盘承接这些抛压，股价进一步下跌将会延续。

盘中分时走势的强弱也是对股价下跌有效性判断的重要因素，低开、分时显弱等等因素都将支持着我们放弃对该股的持续跟踪。没有操作机会就放弃，短线操作的灵活性很强。

第六节　600059 古越龙山(2012 年 5 月 30 日)

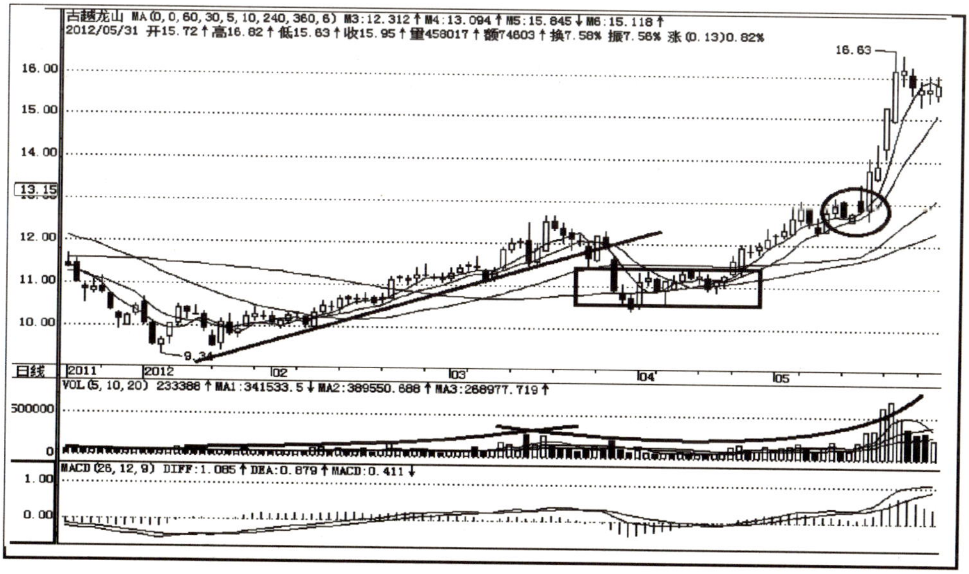

图 3–27

盘面解析图 3-27，600059 古越龙山(2012 年 5 月 30 日)。

古越龙山在 2012 年年初见到了阶段底部 9.34 元的价位，随后，股价以小双底探明底部后，逐步攀升。历经两个多月，股价稳步攀升，从 5 日、10 日、30 日、60 日均线的下方，反转站上了四线之上。

在第一波的上涨阶段，股价保持一个相对比较温和的上涨通道，成交量温和放大支持股价上涨，股价也在 10 日均线的支撑下，稳步攀升。市场交易相对比较温和，多空双方保持多头强势的平衡状态。

在股价经过第一波段的上涨，触摸 13 元附近时，由于获利盘的积压，股价开始缩量回调。回踩幅度比较温和，量能随着回调而相应萎缩，盘面表现属于良性特征。在 60 日均线附近，股价再次受到支撑横盘整理，并且伴随着多空博弈，60 日均线在图中框示位置表现出支撑坚挺的盘面特征。

在 60 日均线的有效支撑下，股价再次向上拓展空间一举突破前期高点后，稍作调整，再次向上快速拔高，见到了 16.63 元的相对高点后，股价有所调整。整个上涨过程一气呵成，量能也给予了完美支持，股性表现强势。

无论是持有者还是场外对该股的关注者，在 5 月底这个相对高点，必须对该股进行操作决策，买卖策略在该位置必须确定。

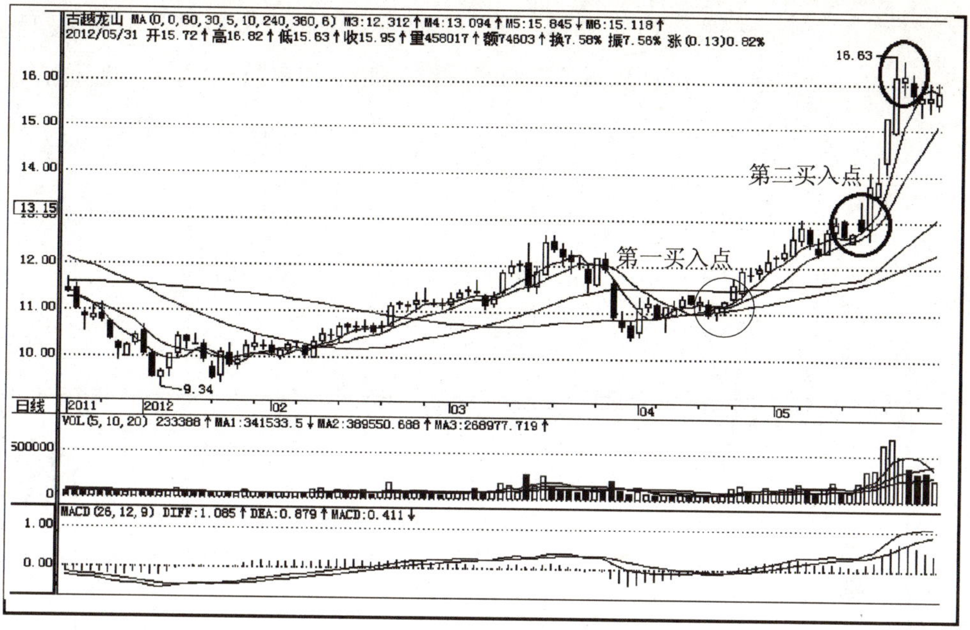

图 3–28

操作策略(一)图 3-28，600059 古越龙山(2012 年 5 月 30 日)。

对于该股，在前期有几个比较完美的关注点，通过对关注点因素的分析，只要是前面两本书学习比较扎实的投资者，一定能够把握住这个获利的机会。

第一个买点是股价从 12 元回落对 60 日均线支撑进行考验时，我们要对该股进行追踪，盘中表现为考验有效后，在合适位置即可以买入进行短线持股。

第二个买点是股价创出新高后，在新高价位的上方横盘整理位置，股价开始整理，10 日均线随后跟上对日 K 线形成支撑，这时候只要盘面表现强势，同时成交量开始对股价的上涨形成助力的时候，我们就可以大胆地买进进行短线持股。

第二个买点是一个非常标准而成功率较高的买点，在实盘中也是比较容易把握的买点。实盘操作，我们一般都追求把握这个买点。结合该股当前(5 月 30 日)的 K 线，我们若在第二个买点位置买进了该股，则在当前位置就需要离场。

按照我们1～5个交易日持股操作策略，从股价的上涨周期和幅度上，已经达到了我们的操作预期，本战役已经胜利。股价放量滞涨，或者打破5日均线支撑的时候，我们都可以随时寻找主动离场和被动离场的时机进行离场操作。

所以，本策略是针对提前已经布局的投资者，在该位置应该寻找机会离场，至于后期该股是不是还会上涨，我们可以重新制订下一次操作计划。

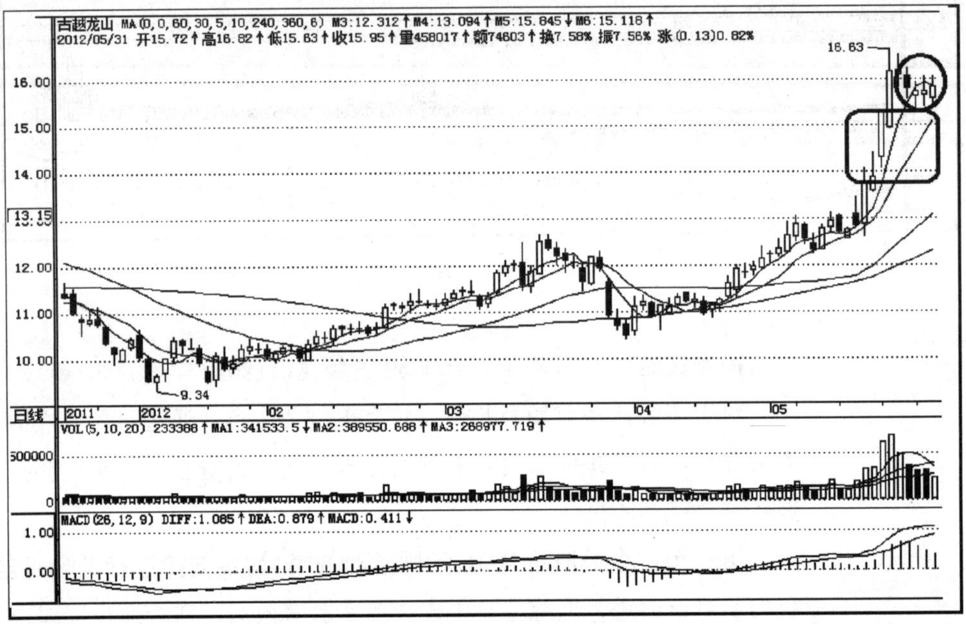

图 3-29

操作策略(二)图3-29，600059古越龙山(2012年5月30日)。

当然，操作策略(一)中提及到的第二买点的买入是比较完美的买入。在实盘操作中，有很多投资者在错过了第二买点位置的买入后，依然对该股进行跟踪操作，在股价快速拉升的时候，寻找最佳买入时点进行追涨的买入。

也就是在图3-29所示的方框位置，只要大盘环境支持，对后市有良好的上涨预期，在量能配合的情况下，分时表现强势支持买进操作，进行短线快速买入的操作也是可取的。

但是这种买入必须要制订严格的止损计划，并且严格地执行止损计划，没有止损的保护，止损不及时的投资者，坚决不能进行追涨操作。

实盘中的每一次追涨后，接下来不一定都会有快速拉升伴随，追涨点位选择的不对，追在了上涨的最末期也有可能。

在图中方框位置，若进行了追涨操作，只要盘中获利，在股价开始滞涨的圈示位置，我们就应该随时离场。第二离场点是股价跌破 5 日均线位置。

无论采用哪个离场点离场，只要是在框示位置追进该股的投资者，在这个相对的高位横盘位置，必须采取离场后再对该股进行观察的操作方法。

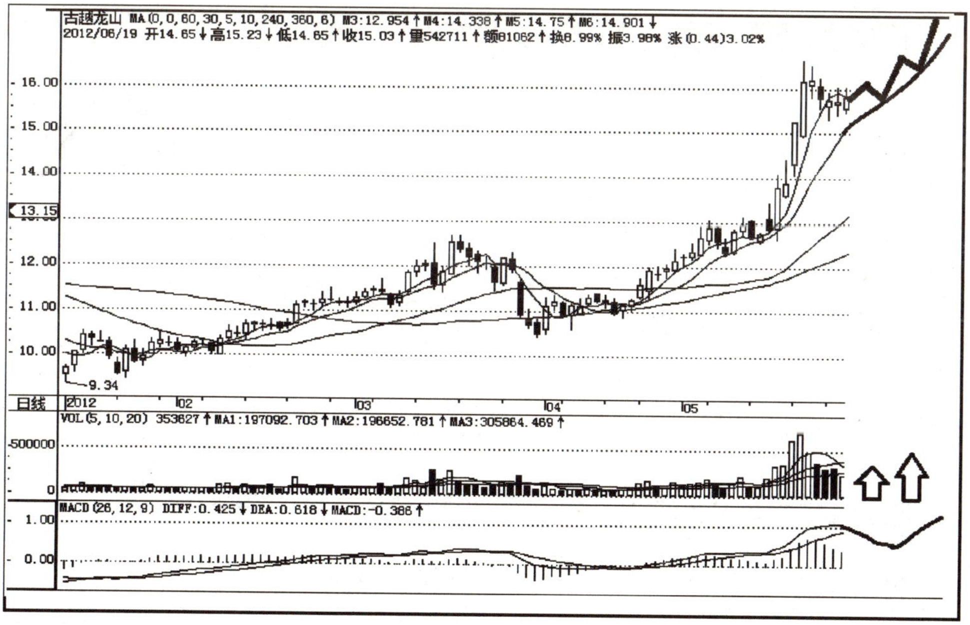

图 3-30

操作策略(三)图 3-30，600059 古越龙山(2012 年 5 月 30 日)。

该股在当前位置(5 月 30 日)并不是没有再次操作机会。在良好的大盘持续上涨环境的支持下，强势股票走出强者恒强的走势概率极大，往往也就是这类股票，经过高点的调整后，再次快速拉升持续走高。

在当前位置我们对该股进行持续跟踪，只要对大盘上涨环境有良好的预期，该股有板块效应，能够在市场中形成热点，预期后市会有更加强有力的主升浪，也是一种非常好的短线操作思路。

股价后期的持续上涨、快速拉升，必须要有板块或者市场大环境的配合。当然，题材的配合虽然不在我们技术分析之内，但也是支撑快速拉升，形成主升段的有利因素。

当后期我们发现经过短暂调整后，股价在均线的支撑下，再次展开快速拉升，同时成交量给予上涨动力，我们就可以择机对该股进行买入操作。

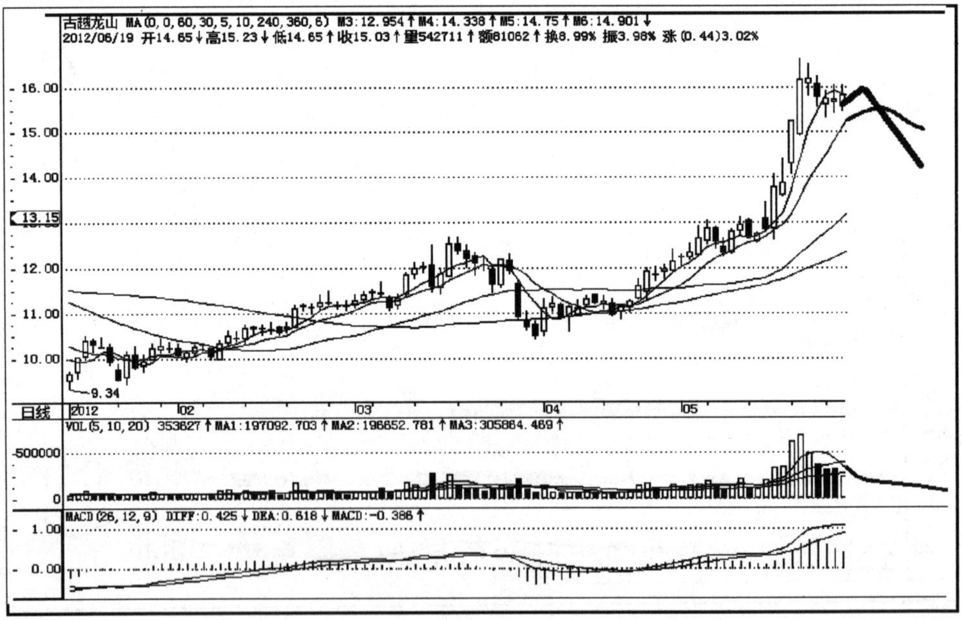

图 3-31

操作策略(四)图 3-31，600059 古越龙山(2012 年 5 月 30 日)。经过将近半年的上涨，股价从 9.34 元涨升到了 16.63 元，涨幅高达78%。至此，在盘面异常活跃，涨势吸引眼球的时候，助力资金获利完美离场也是常规走势。

应对该种操作，我们一定要观察放量后的股性强弱，股价只要回落幅度较大，股性表现较弱，盘中分时走势表现为空头气盛，下落时盘面资金明显压制着多头气势，这时候持股的投资者需要坚决离场，寻找买入机会的投资者要放弃对该股的追踪。

股价横盘整理后，10日均线的支撑效果理应是强弱的分水岭，只要量能萎缩，股价跌破10日均线，该股就属于强转弱的走势。在强转弱的前后，若股价的波动还伴随着假突破，伴随着盘中快速拉升吸引资金，随后回落对快速拉升进行否定的走势，这时对该股就更要高度警惕。

回调后的股票，我们要进行重新定位，在自选股中，让其退居第二梯队。回调幅度较大后，该股若想再次走出强势上攻的走势，则在盘面中需要该股再进行一次盘中布局。前期的强势特征将会被完全忽略，第二次的盘中布局符合我们的操作模式后，我们才可以对该股进行追踪寻找机会。

第七节 600060 海信电器(2012 年 2 月 24 日)

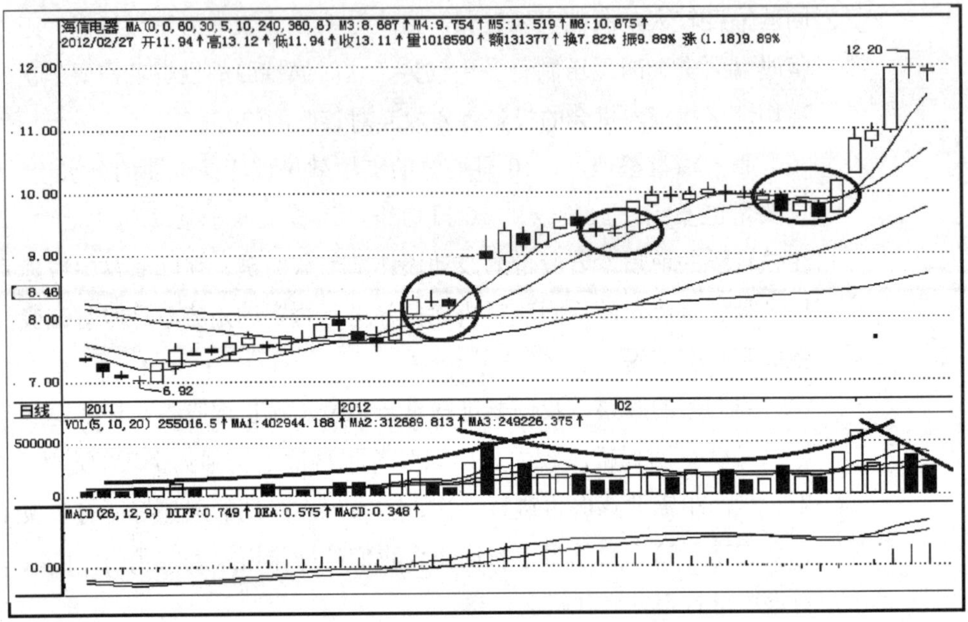

图 3-32

盘面解析图 3-32，600060 海信电器(2012 年 2 月 24 日)。

海信电器在 2011 年年底见到相对低点后，逐步攀升并有效突破了 5 日、10 日、30 日和 60 日均线的压制。在股价上涨期间，上涨放量，下跌缩量，量能配合股价的上涨比较完美。

股价从 7 元附近涨到 9～10 元区间，展开了调整走势，调整期间成交量逐步萎缩，调整的幅度比较温和，并且有调整时逐步推升股价的态势。该股的内在上涨动力表现明显，有进一步上涨的欲望。

在该股第一次突破四线并且回踩四线的时候，我们可以进行第一次短线买入操作。随后股价上涨，在图中第二个圈示位置，股价在量能的配合下温和回调，对 10 日均线进行回踩。当盘中股价再次显强，分时支持我们进行短线操作的信息出现后，第二个圈示位置也是我们进行短线买进的较好操作点。

第三个圈示位置是对 10 日均线瞬间打破后的拉升，股价在量能的配合下，再次强势上攻，涨升力度和速度都比较吸引人。第三个圈示位置是一个量能配合完美的快速拉升操作点位。

2 月 24 日，海信电器在快速拉升后，再次以两根调整的小 K 线将股价逼近了 5 日均线的位置。综合所有信息，当前位置属于该股的强势上涨后的短暂调整位置，盘面信息比较丰富，对于买入该股的投资者和看好该股的投资者，都是一个重要的决策点。

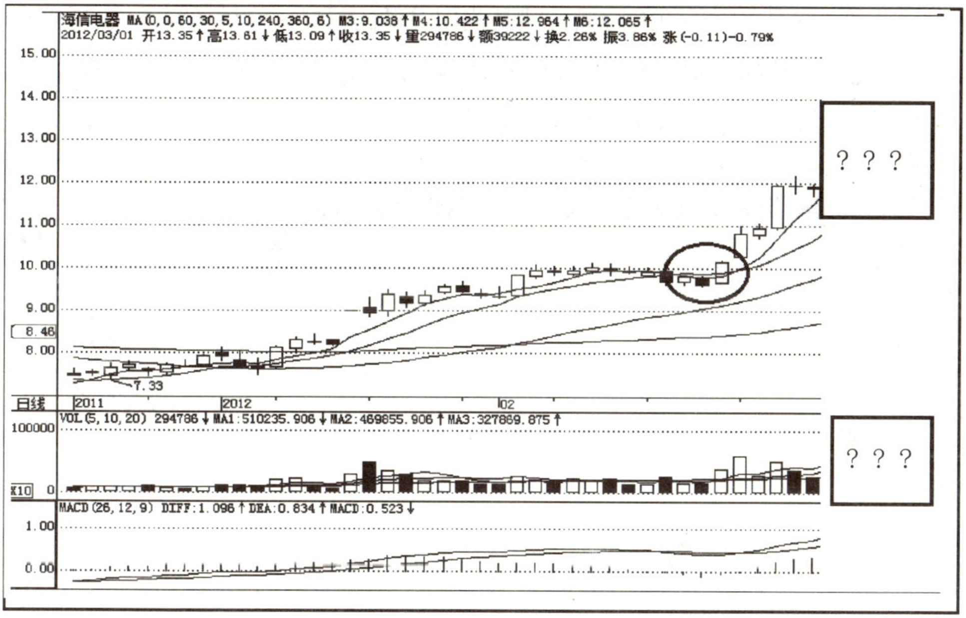

图 3-33

操作策略　图 3-33，600060 海信电器(2012 年 2 月 24 日)。

在实盘中，一般我们尽量追求把握住图中圈示位置的买点机会，因为这个买点是该股经过充分调整回踩后的一个有效突破点，同时成交量有明显地放大，对该股的进一步上涨起到良好的助涨作用。在这个位置对该股进行操作，成功率会非常高，而且能够把握住上涨和下跌的主动权。

当我们已经在这个最佳的操作点买进股票后，股价展开了连续的快速上攻后，我们所要做的事情就是如何处理好时间与利润的关系，在有限的交易日中，拿到可以预期到的最大利润。

经过连续 5 个交易日的上涨，虽然在成交量上对该股的进一步上涨比较支持，但是，盘中若有更好的选择，我们依然可以采取在最佳离场时间点上主动离场的操作方法。采用主动离场的方法，可以让我们把已经看到的利润立即装入口袋。

对待该类强势股票，最佳的操作策略是对盘中分时和日 K 线进行时时跟踪，若盘中表现不强或者日 K 线有效试探 5 日均线支撑，而支撑无效的时候，就是我们离场的时候。这种离场方式虽然显得被动，但是对于主升浪的股票，我们可以把握到大部分的拉升空间，在获利幅度上比较占优势。

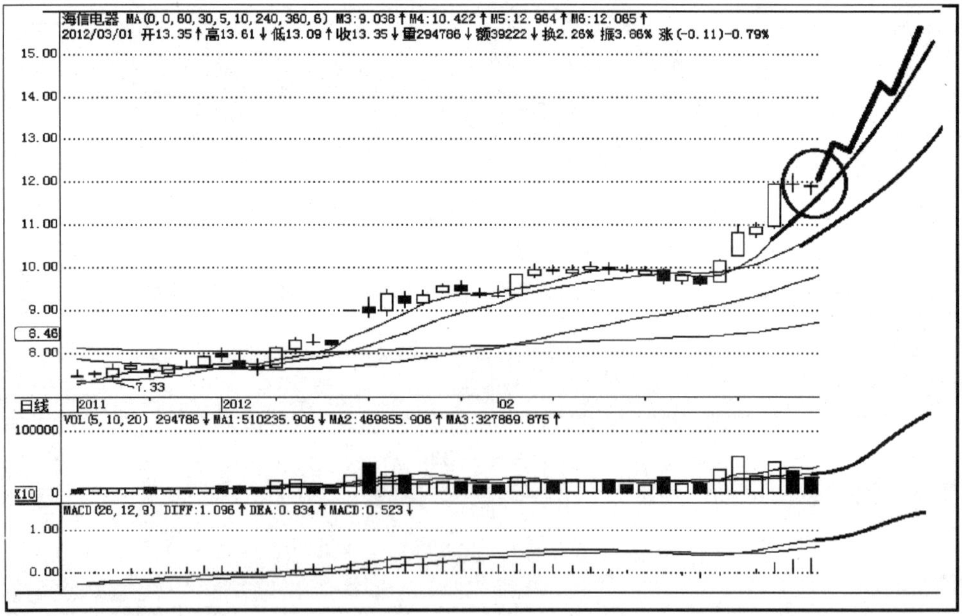

图 3-34

操作策略(二)图 3-34，600060 海信电器(2012 年 2 月 24 日)。

当然，该位置属于我们对强势股票进一步跟踪的一个回踩均线的位置，也属于一个观察的可操作点。对于我们自选股票池中，出现该类股票的时候，只要大盘环境配合，对后市预期较好，我们就可以大胆选择该类股票进行追涨操作。若股票能够形成板块效应，选择强势板块中的这个类型的股票进行追涨操作，将会让短线获利更加迅速。

经过短暂的两个交易日的调整后，在5日均线的助涨下，继续放量开始向上攻击，调整的两日K线将成为上涨中的一次短暂整理位置。主升浪来临的股票，上涨会借助5日均线或者10日均线的助涨效应，快速攀升。

买入的时机要结合分时中的表现，通过对分时的准确判断，来对个股进行买进的最后确认和准确把握。当主升浪继续延续时，我们在合适的位置介入该股，依照5日均线为标尺对该股进行持股，同时密切关注量能的变化，只要标尺不破，量能支持，就可以安心持股。

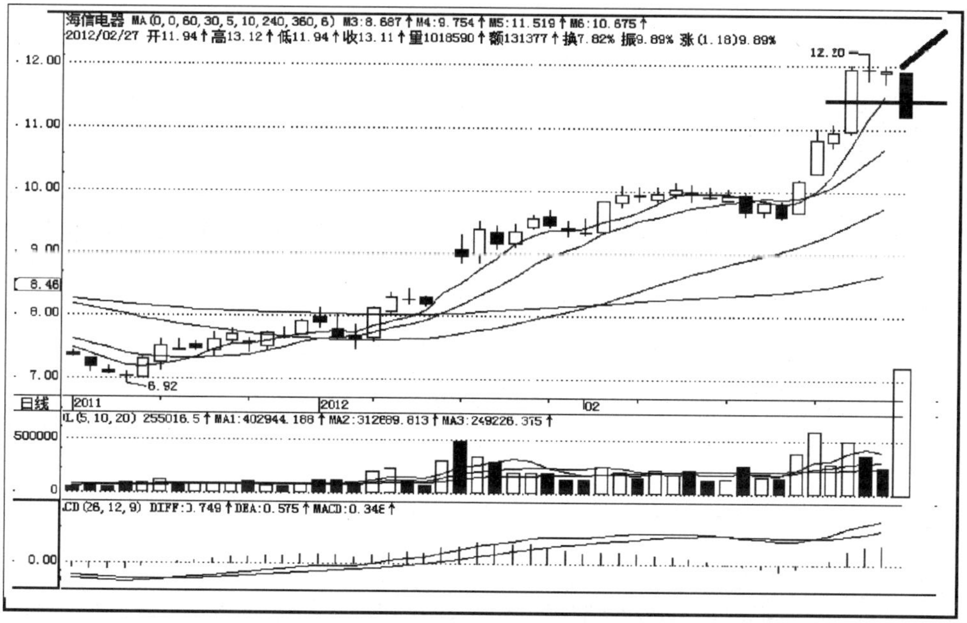

图3-35

操作策略(三)图 3-35，600060 海信电器(2012 年 2 月 24 日)。

量能的变化就是资金的交易状态，资金的交易状态就是多空双方的博弈结果。对于交易比较活跃的股票，我们要对量能进行必要的关注，该位置也属于一个相对比较高的点位，在该位置出现的任何放量滞涨现象，都是要引起高度谨慎的事情。

无论是再次拉升，还是快速下跌，若盘中经过两个交易日的调整后，依然出现了怪异的巨量，同时股价的上涨显得不够坚挺，那么持有该股的投资者需要立即离场，在场外对该股进行进一步观察。没有买进该股的投资者，则要暂时放弃买进的操作计划，在场外继续等待和观察。

仅仅两个交易日的调整后，若股价在第三个交易日就以快速下跌的方式，收出了一根幅度比较大的阴线，阴线实体有效打破前几个交易日阳线实体的 1/2 位置，且下跌的原因并非大盘暴跌所带动，则对该股的操作也要立即放弃。

一切都处在比较良性的发展之中，突然毫无征兆地出现大阴线，会快速破坏前期较好的上涨因素，仅此一根大阴线就将前期的所有强势特征全部抵消，所以要放弃对该股的买入计划。

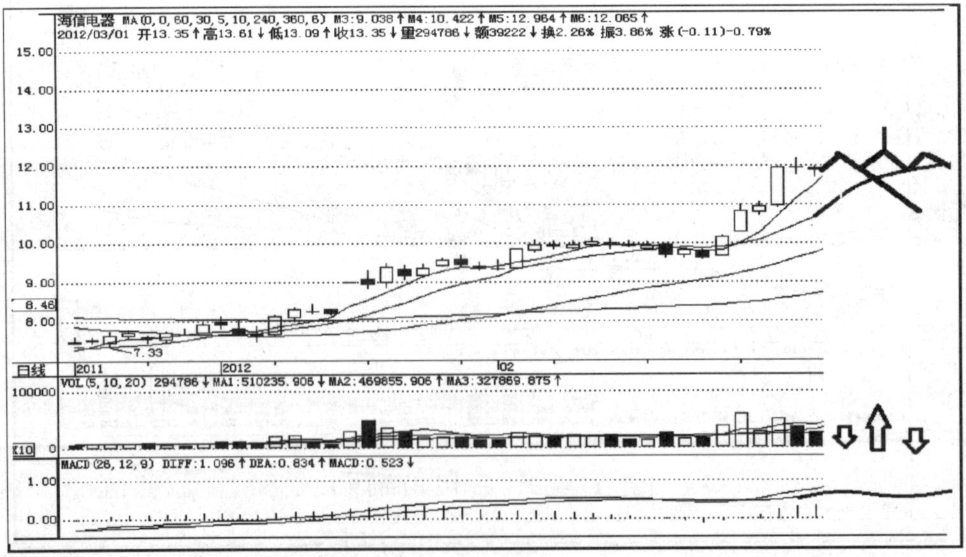

图 3-36

操作策略(四)图 3-36，600060 海信电器(2012 年 2 月 24 日)。

在股价攀升到相对高点位置后，为了后期更加良好的上涨，进行适当的再次整理，是慢牛股票的常规走势。或者，当股价攀升到相对高点位置，周围环境不配合，主力资金和投资者对该位置进一步上涨不认可，出现多空的暂时平衡，股价保持当前高度进行整理也属于常规走势。

面对该种进一步调整的走势，需要我们跟踪和区别对待。一方面要对成交量进行持续跟踪，通过成交量的变化判断出股价的涨跌预期和资金的博弈情况。另一方面，通过盘中分时的表现，结合成交量的变化，对该股的强弱进行准确判断，来预期后市的上涨动力和内在压力。

横盘期间不能出现放大量的假突破，放大量的假突破就是一种弱势的表现，在该位置出现上攻欲望被有效遏制的时候，股票的调整将会延续或者幅度加大。更不能出现向下破位的走势，经过横盘调整后选择向下破位，我们就要放弃买入的操作计划。只有破位被再一次上涨打破以后，实盘中才可以第二次重新启动对该股的跟踪和分析。

无论采取何种方式选择方向，应对持续横盘整理的走势，要采用持续跟踪观察的操作策略。只有股票的股性特征表现明显，方向选择明确，我们寻找到良好的操作机会后，才是我们进行入场操作的时候。以不变应万变，宁可放弃把握不准的机会，也要有耐心等待，选择有把握、准确度高的操作时机，这是短线交易必需的基本品质。

第八节　600066 宇通客车(2012 年 5 月 3 日)

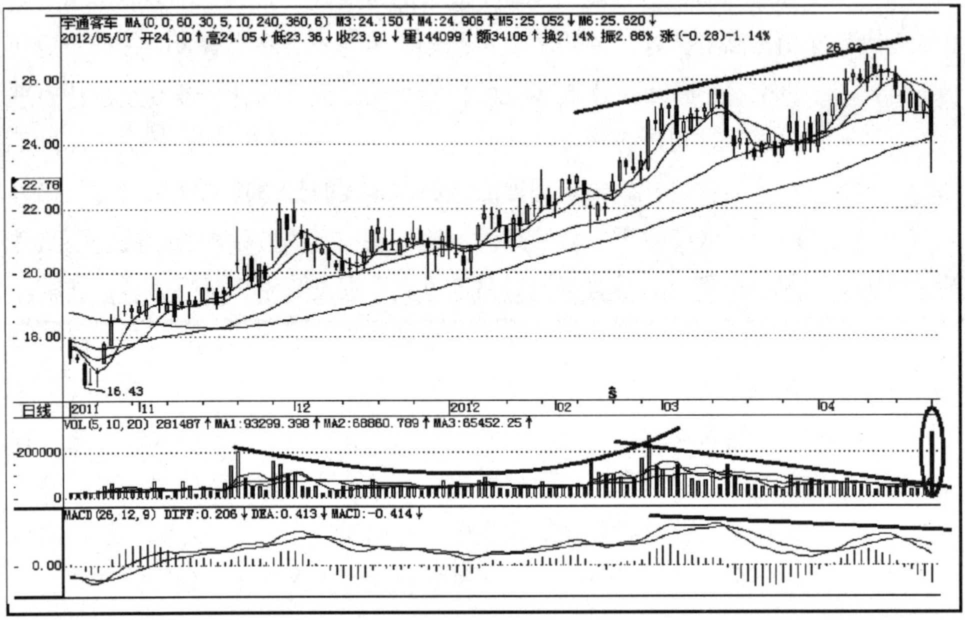

图 3-37

盘面解析图 3-37，600066 宇通客车(2012 年 5 月 3 日)。

宇通客车保持在了较为长期的上涨通道之中，从 2011 年 10 月底开始，就以一个标准的上涨趋势逐步向上推升股价。

在上涨过程中，关键突破位置成交量能够给予股价一定的上涨动力，调整时股价温和缩量。30 日均线、60 日均线支撑效果明显，日 K 线走势比较稳健。

当该股进入 2012 年 3 月后，股票日 K 线虽然继续延续着上涨的势头，但是成交量在股价持续上涨中不能够持续放大，反而开始逐步萎缩。股价创出新高，成交量萎缩更加严重，同步 MACD 走出背离走势，不能够与股价的创新高相互呼应。

背离后的股价开始继续缩量下跌调整，在持续上涨后股价缩量下跌消化获利盘属于正常走势，但值得关注的是，在 5 月 3 日股价高开后快速杀跌且放巨量收出了一根高开低走的大阴线。

这个大阴线正好处在60日均线的附近，从位置和形态，以及孤量特征来看，属于一根具有重要分析意义的标志性K线，需要我们进行重点分析，并依照后期走势制订比较周全的操作计划。

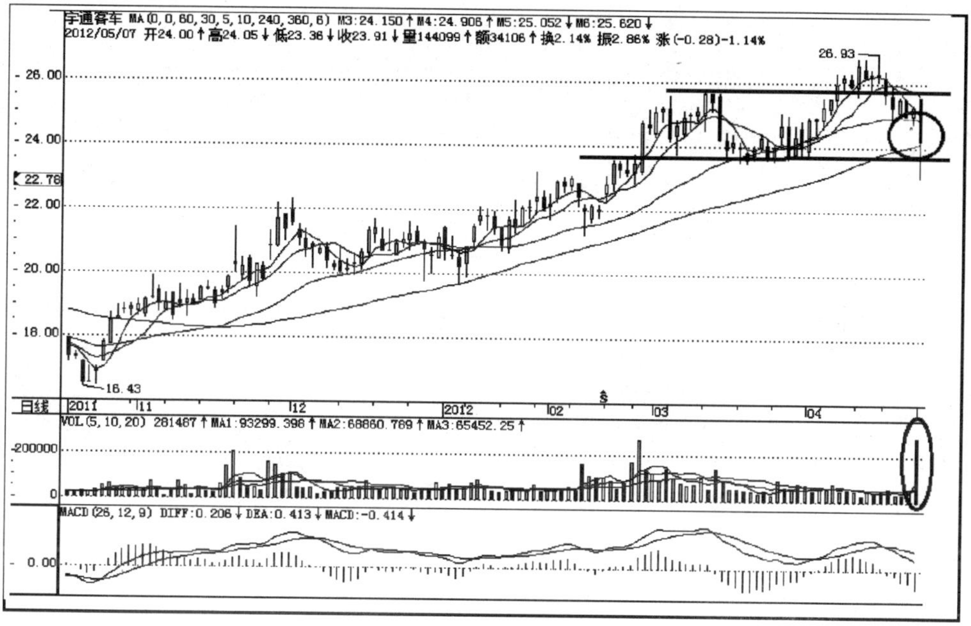

图 3-38

操作策略(一)图3-38，600066宇通客车(2012年5月3日)。

虽然该股处在长期上涨趋势中，股价经历了将近半年的持续上涨，但是在当前位置，作为短线投资者，应该都处在空仓状态没有持有该股票。

我们所做的超级短线属于快进快出模式，持股时间较短，股性减弱没有上涨动力时应立即采取离场操作。宇通客车在见到26.93元高点之前，走出了连续几天的横盘滞涨的走势，随后打破了5日均线的支撑。对于短线持股者，在这个相对高点上，有足够的时间离场。

见到高点后，股价开始回落对10日均线的支撑有效打破，并且量能不能对股价的止跌起到积极作用，所以短线投资者若持有筹码，则也会择机离场。

在 30 日均线附近，结合前期走势，该股若盘中对分时追踪有强势和止跌特征，追寻趋势的投资者，则有入场的理由。入场后的操作计划必须要有止损保护，而止损保护按照我们本书中所推崇的常规操作，应在 30 日均线附近。所以，随后的快速放量下跌对于这部分投资者，是一个止损的位置。

当 5 月 3 日股价高开低走向下破位上一个交易日的收盘价的时候，结合成交量的预期，止损卖出是减少未来不确定因素的一个重要操作。我们通过止损虽然有可能错过利润，但是可以规避后期的不确定性风险。

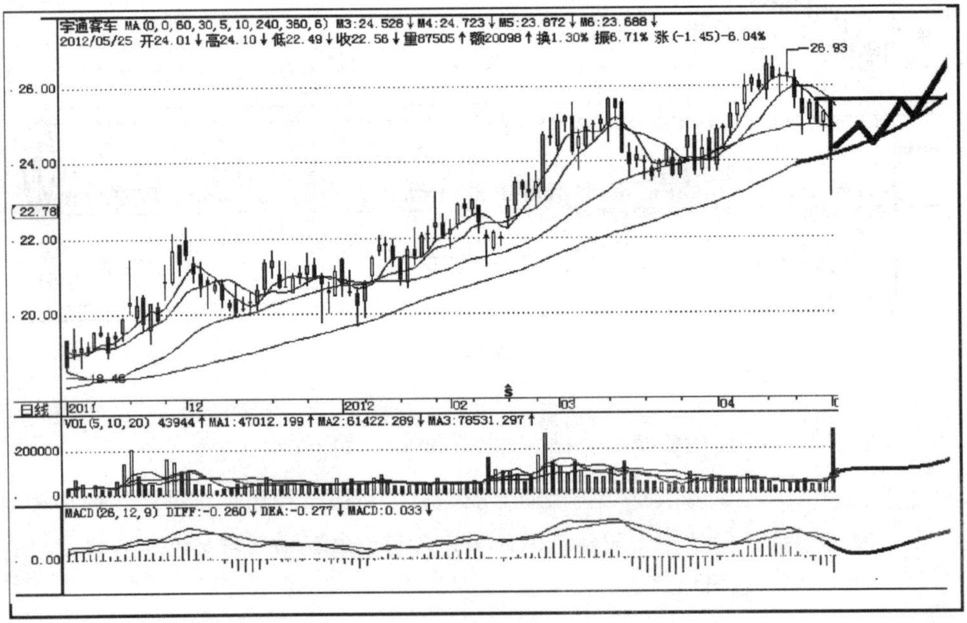

图 3-39

操作策略(二)图 3-39，600066 宇通客车(2012 年 5 月 3 日)。

此位置的放量大阴线是在 60 日均线上的阴线，虽然跌幅巨大，但是收盘能够站上 60 日均线。结合该股前期持续上涨的趋势，最大量能没有放在最高点等因素，该位置收出的这根大阴线对后期的走势有着重要的参考意义。

若该股有继续走强的可能，首先就必须要坚守 60 日均线的支撑，然后在 60 日均线上方稳步吃掉这个放量的巨大阴线。

在该位置，若对大盘后市预期良好，同时对该股有良好的后市预期，那么空仓的投资者，依然可以继续对该股进行持续跟踪。在接下来的走势中，股价能够持续攀升，量能保持相对温和，股价盘中走势持续强势，在日 K 线吃掉这根标志性 K 线的时候，我们就可以择机买进该股。

买进后要对该股进行持续地盘面强弱跟踪，前期的高点是重要的压力位置，要在前期的高点位置，通过对股性的变化和成交量的准确判断，把握住该股的相对高点进行短线操作。

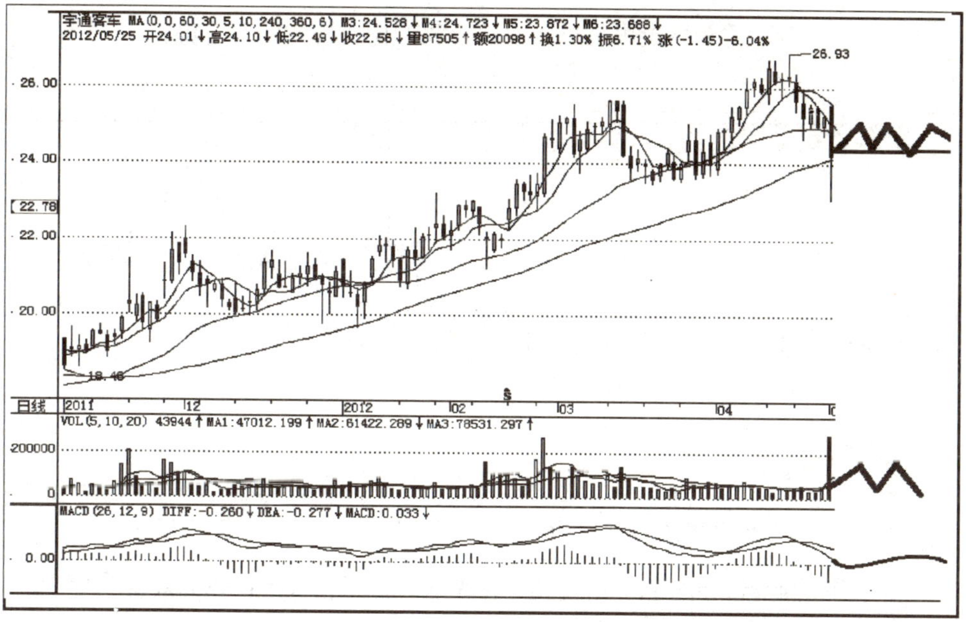

图 3-40

操作策略(三)图 3-40，600066 宇通客车(2012 年 5 月 3 日)。

有上涨动力的股票总是会持续地向上攀升，保持相对平衡的股票时常会走出横盘整理的走势。

在该位置的横盘属于弱势的表现，虽然该位置属于一个调整的低点，但是经过了前期的上涨和下跌，再加上在60日均线附近的怪异放量、高开低走的大阴线，我们不难看出对盘中浮筹的清理力度已经非常大。如此的波动，依然不能再次唤醒做多的力量，股价只能保持横盘状态，那么，该股的股性就开始由强转弱。

对于持续的横盘走势，我们初期还可以对该股进行继续跟踪，但是盘中不能有任何的着急买进动作。等待盘面转好的走势到来时，再通过良好的操作机会寻找到更加有利的买点。若横盘持续时间较长，则对四线就是一种负面的牵引作用，短期均线向下，长期均线向上，股价也逐步盘跌到了四线的下方。

横盘时间较长后，我们就要对该股放弃跟踪，时间越长，股性越趋弱。若想把握住新的操作机会，则只有在股价完成此次横盘后，重新再走出另外一波符合我们操作模式的新走势。

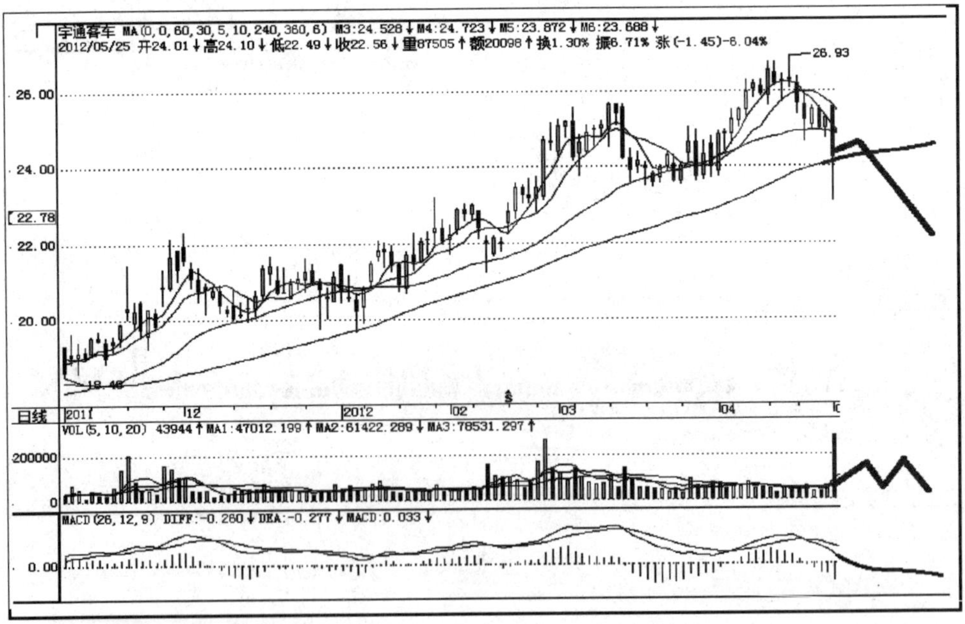

图 3-41

操作策略(四)图 3-41，600066 宇通客车(2012 年 5 月 3 日)。

5月3日的巨量高开低走大阴线，本质就是一种弱势的表现，高开的股价没有能有效站稳高点，低开向下杀跌幅度远远大于平开的股票，对盘中投资者的信心打击非常巨大。

如此弱势表现的股票，次日继续下跌，随后打破重要支撑持续走低的概率极大。所以，若该股在次日继续延续下跌走势，那么60日均线的支撑效应也立即被打破，此时对该股就应该放弃暂时的任何买入跟踪计划。

随后的惯性下跌，无需成交量的支持，放量和缩量对该股的破位下跌都是一个不好的影响。股价的下跌会牵动5日、10日、30日和60日均线跟随下跌，同时也会将MACD指标压制到更低的位置，这些都是该股弱势的表现。

对于趋弱的股票，短线上我们理应放弃跟踪，从自选股票中去除。我们的自选股票池要不断地更新，每次买进操作，争取都是从自选股票池中经过跟踪观察的股票中选出，短线操作虽然需要快速反应，但是做好充足的功课，按部就班地进行操作，也是非常重要的。

第九节 600082 海泰发展(2012 年 4 月 16 日)

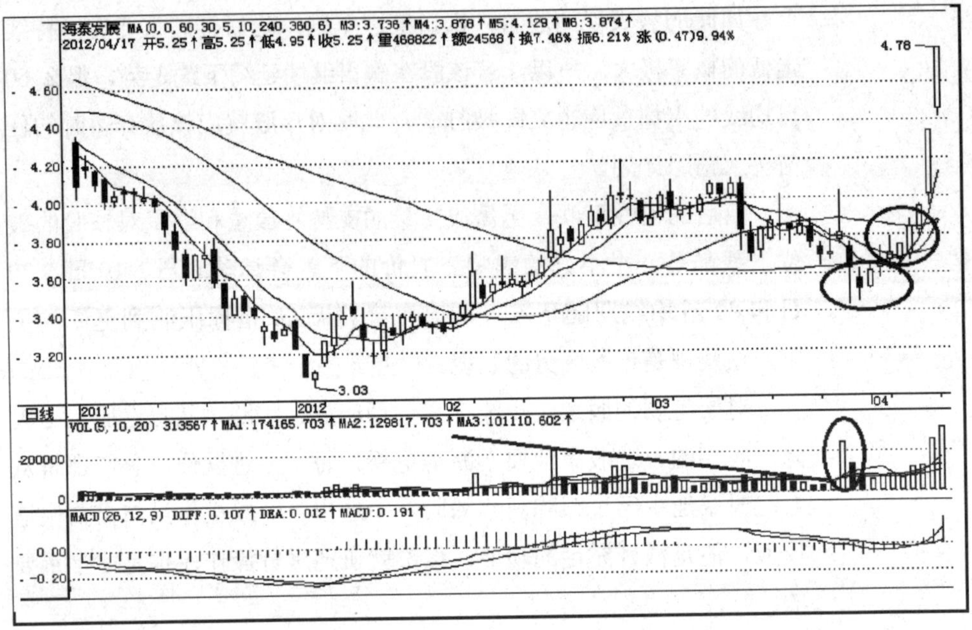

图 3-42

盘面解析图 3-42，600082 海泰发展(2012 年 4 月 16 日)。

海泰发展初期沿着 10 均线持续走低，期间阴线实体大于阳线实体，阴线数量多于阳线数量，5 日均线持续走低，成交量持续低迷，属于标准的弱势表现。

在股价经过充分下跌后，2012 年伊始，股价触摸 3.03 元低点后反弹向上，连续三根阳线止跌，并且有效打破了一直以来压制股价上涨的 10 日均线。

在打破 10 日均线后，股价进行了短暂的横盘整理，然后顺势再次向上突破了 30 日均线的压制。突破 30 日均线后的股价没有停下上涨的脚步，在量能配合下对 60 日均线也进行了有效突破。

当股价站上四线后，该股的下跌趋势彻底被扭转，该股经常持续上涨，盘中获利筹码最高达到了 30%以上，获利抛压和解套抛压形成了空头力量。

随后股价的横盘调整和下跌回踩顺理成章，当股价回踩到 60 日均线附近时，对 60 日均线采取了短暂的瞬间跌破，随后在成交量的配合下再次回到调整区间，走出了我们关注的标准模式。

经过充分洗盘后的股票，在成交量的配合下，展开了快速地拉升走势，连续的阳线逐步演变成了有力的涨停大阳线，股价上涨势头强烈。

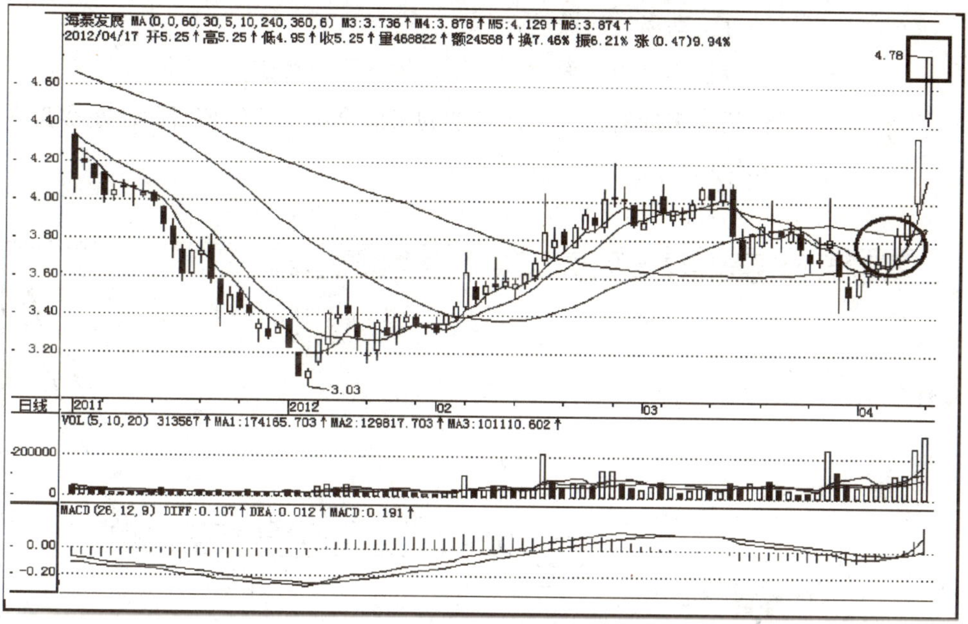

图 3-43

操作策略(一)图 3-43，600082 海泰发展(2012 年 4 月 16 日)。

在图中的圈示位置，属于我们前期所介绍过的一种比较典型的短线操作位置，认真对本系列书前面基本学习过的投资者，我想结合实盘分时的走势，很容易把握住圈示位置的买入操作要点。

在圈示位置买入股票的投资者，面对当前走势就完全把握了操作的主动权，若对大盘后期预期较好，同时对该股的预期较好，则可以进行进一步地跟踪和观察，只要不破 5 日均线的支撑，就可以继续安心持有股票，实现较为丰厚的短线获利。

当前位置该股已经持续走强，盘中获利盘比较丰厚，对大盘的观察和板块的追踪分析，若对后期预期有怀疑态度，那么谨慎跟踪该股，发现股性偏弱或者其他需要离场的信号出现时，采取主动离场的操作策略离场也是可取的。

主动离场可以在实盘中对其量能进行提前预判，若分时快速冲高，在最佳卖出时间段上，预期到当日成交量会出现巨量，则无论是放量滞涨还是继续拔高，对上涨量能过分消耗的 K 线，我们也可以进行主动离场的操作。

我们实盘中，面对同一个位置和同一种走势，不一定只有一个操作策略来应对，计划制订的周密而合理，才能使得我们在实盘中能够快速反应，应对自如。

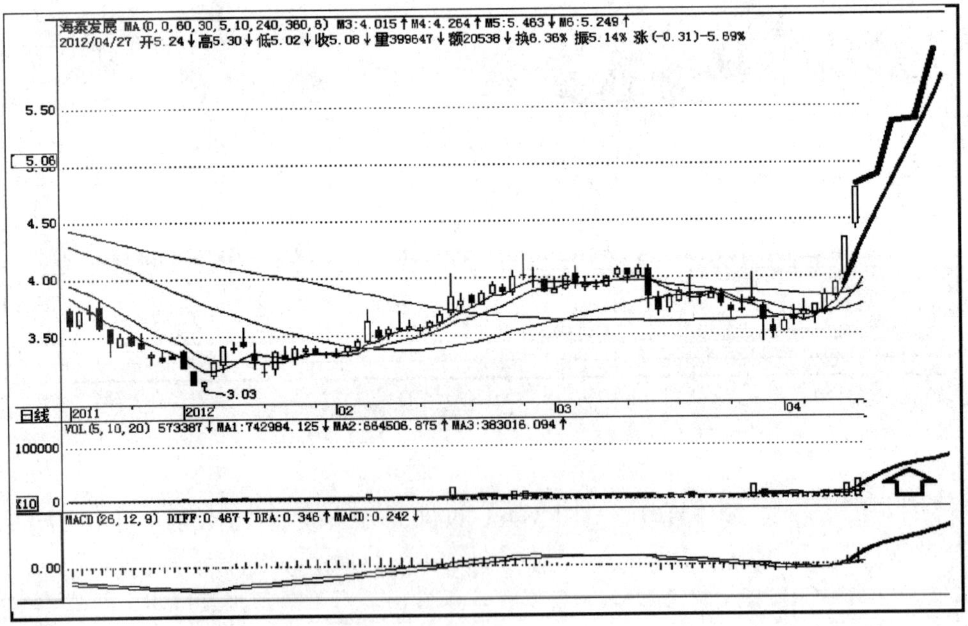

图 3-44

操作策略(二)图 3-44，600082 海泰发展(2012 年 4 月 16 日)。

在该位置，我们预期最好的 K 线形态就是持续拔高的走势。当股票的主升浪来临以后，只要盘中股票上涨动力十足，在量能的完美配合下，如此强势的股票，持续拔高形成快速拉升的利润将非常可观。

该股前期经过持续下跌的沉闷期，随后温和地放量对下跌趋势进行修复。改变了下跌趋势后，经过横盘整理和下跌洗盘两个阶段后，按捺不住上涨势头，直接冲破了所有束缚，形成了井喷式的上涨。

快速地拉升，需要量能的完美配合，既不能有过多的量能消耗，也不能出现后续力量不足的严重缩量。只有完美的量能，才能给予该股完美的快速拉升走势。

通过对分时走势的跟踪，5 日均线的标尺效应再加上 K 线形态的准确把握，我们虽然不能在持续上涨的中途追高买进该股，但是完全有能力拿到该股快速拉升主升浪的大部分利润，对于一个成功的短线快枪手，这就足矣。

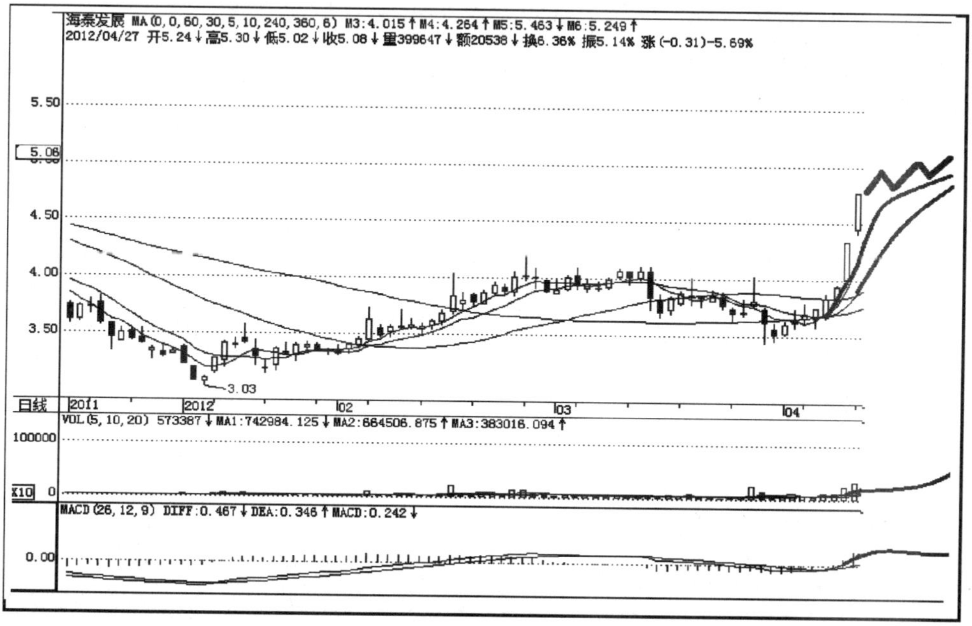

图 3-45

操作策略(三)图 3-45，600082 海泰发展(2012 年 4 月 16 日)。

快速拉升后，虽然盘面表现强势，但是获利盘积攒较多，若没有更多的买入资金对其进行充分换手，则股价后期进一步上涨将会存在突发的集中抛压隐患。盘面资金交易是否活跃，是该股能否持续快速拉升的一个重要因素。

在盘面资金活跃度不能支持快速上涨的时候，股价同时还能有效站在该高点位置，形成横盘不跌的走势，那么我们就可以对该股进行持续跟踪观察。已经持有筹码的投资者，可以根据盘面的变化来寻找卖出的良好时机。看好该股的投资者，在该位置正好可以对其进行信息收集，等待合适的买点出现。

强势股票的横盘调整会显得更加强势，横盘调整的时间不会太长，幅度不会太大。若采用向上慢步推升的调整方式，则更显强势。

在短暂调整的末期，若股价再次表现出向上拓展空间的欲望，同时股票日 K 线形态和位置符合操作模式，实盘分时支持买入，那么，我们就可以大胆地买进该股进行超级短线的持股操作。

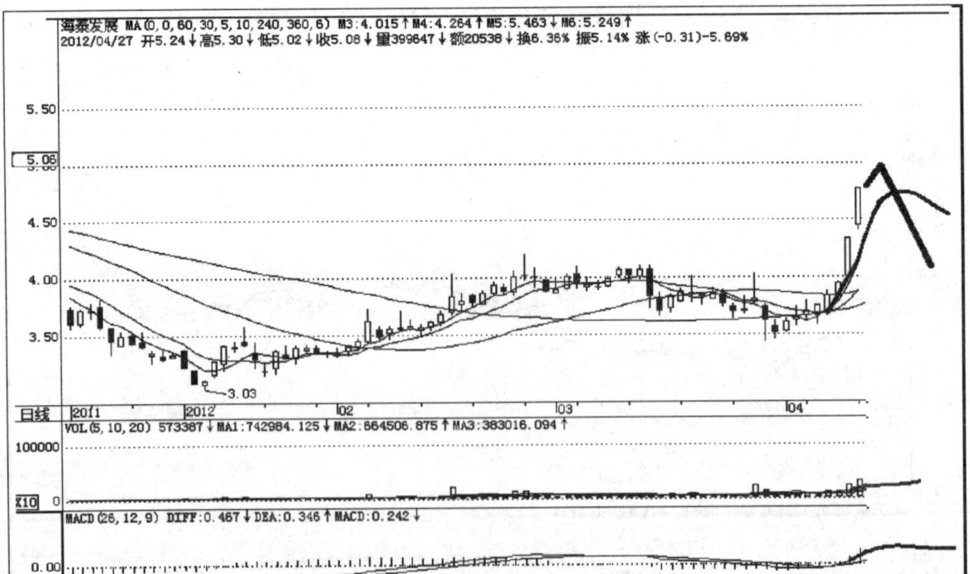

图 3-46

操作策略(四)图 3-46，600082 海泰发展(2012 年 4 月 16 日)。

快速拉高后，若量能不济或者高位多空快速转换充分，那么，将会迎来快速下跌的走势。股价在高位形成放量滞涨、怪异巨量等不利于后市的 K 线形态，我们就要提高警惕了。

5 日均线被快速下跌的股价有效打破，随后股价持续向下势头不减，就是我们快速离场或者放弃对该股持续跟踪的重要因素。

该股已经经过前期的充分调整，随后的快速拉升充分反映了该股的股性非常强悍，在这个相对高位，采取快速下跌的方式否定了前期的快速上涨，同时也否定了前面充分的休整和洗盘走势。

看好的分析因素被否定的时候，就是我们放弃该股的时候。买入看多的因素消失时，就是我们离场的时刻。

所以，只要出现快速下跌破位 5 日均线，下跌的力度和幅度足以破坏前面上涨的势头，所有操作立即终止。就算后期该股再次走好，也要有多组 K 线对本次的快速下跌给予化解才可以进行持续跟踪的操作。

第十节　600095 哈高科(2012 年 4 月 26 日)

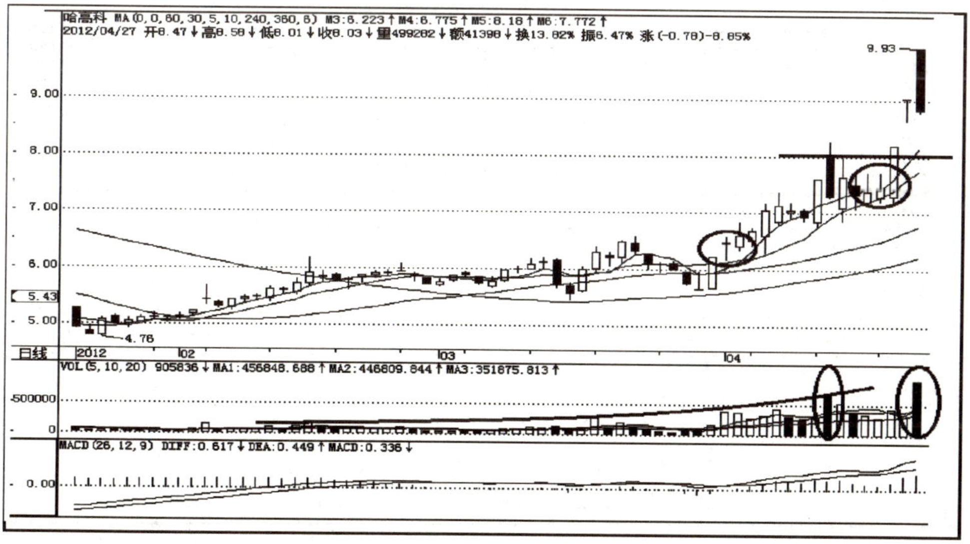

图 3–47

盘面解析(一)图 3-47，600095 哈高科(2012 年 4 月 26 日)。

哈高科在 2012 年初开始向上逐步攀升，逐步对 5 日、10 日、30 日和 60 日均线形成了稳步突破。在上涨中，成交量温和放大，股价的上涨速度也随着成交量的放大而逐步变大。

这种一步一个台阶的上涨，给人一种稳重而扎实的感觉。在圈示的第一个位置，股价跳空高开形成了突破，随后在相对高位形成了一个高开低走的放量大阴线。

放量大阴线形成以后，股价并没有快速下跌，通过横盘调整有效化解了阴线的压力，随后该股再次向上拓展空间，有效吃掉了第一根高位大阴线。

高位大阴线被有效化解后，股价创出了历史新高，随后的市场预期应该是良好的，我们既可以进行短线跟踪，也可以进行短线买进的操作。

在经过两个交易日快速上涨后，股价再次出现高开放量滞涨，下跌收出高位放量大阴线的走势。面对这个大阴线，与前面刚刚发生的高开放量阴线如出一辙，这个标志性的 K 线将成为我们观察该股的重要参考，后期该股的表现，将直接影响着我们的操作分析。

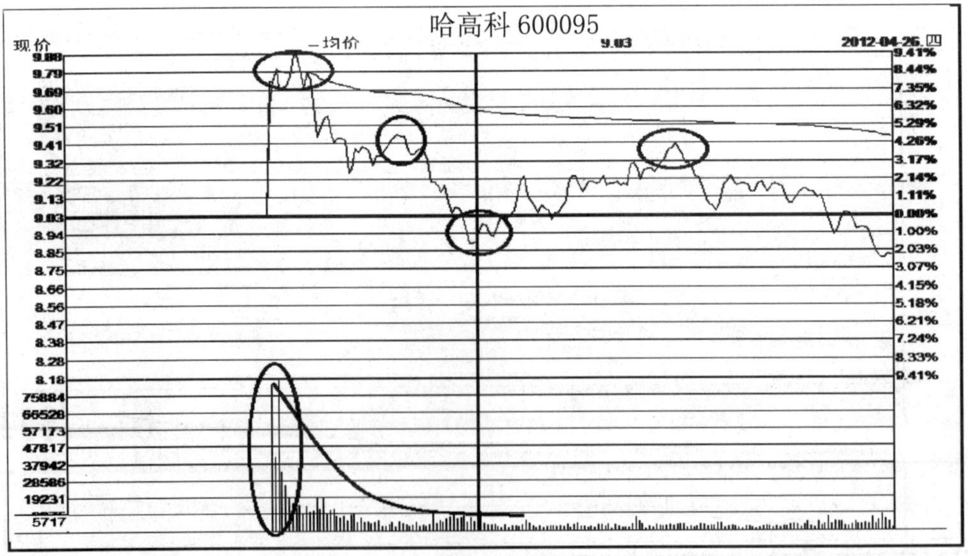

图 3-48

盘面解析(二)图 3-48，600095 哈高科(2012 年 4 月 26 日)。

由于高开阴线的性质不同，我们必须要对该股当前的分时走势进行追踪和解析。由于经过连续两个交易日的涨停走势，该股早盘停盘一个小时。

10:30，该股继续以高开的走势开盘，随后快速推升至涨停板附近。高开高走在成交量的配合下显得异常强势，但是没有能够封住涨停板，加上早盘量能的过度消耗和后期见到高点后的快速下跌暴露出了该股当天走弱的信号。

股价的第一波杀跌来势凶猛，与前几个交易日的强势上涨形成了明显对比。在每一次反弹点上，高点连触及分时均价线的能力都没有，一口气从接近涨停板的位置跌破了前一日的收盘价。

下午开盘后，虽然股价展开了向上反弹的走势，但是成交量持续萎缩，反弹高点依然没有能够触摸、攻破分时均价线，临近收盘的再度下跌让该股以大阴线收盘。

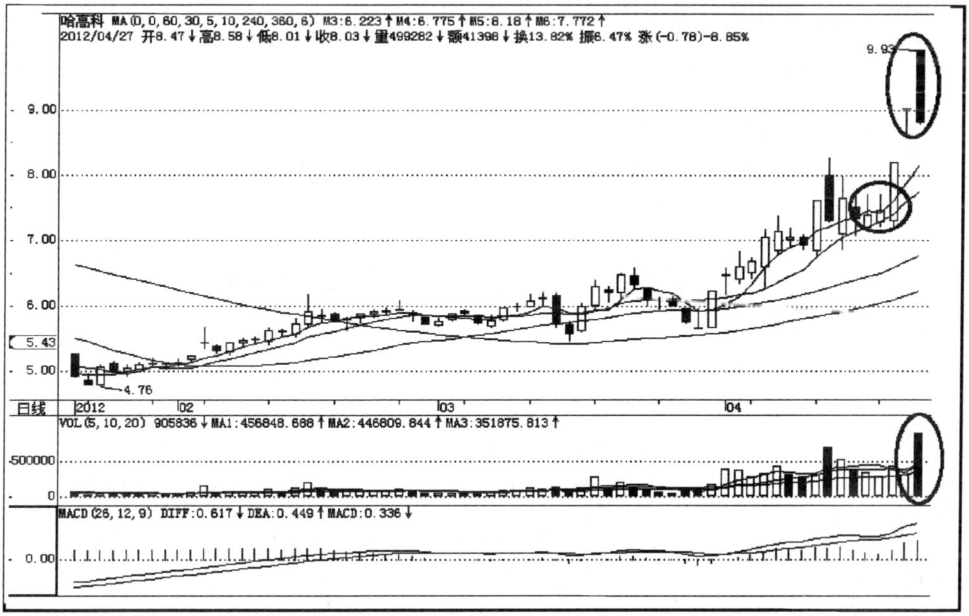

图 3-49

操作策略(一)图 3-49，600095 哈高科(2012 年 4 月 26 日)。

当股价经过充分调整后(图中圈示位置)，在 10 日均线处受到明显支撑，支撑伴随着调整的横盘，充分的蓄势让该股具备了进一步上涨的动力。随后股价的快速拔高，在盘中分时跟踪中，很容易预期到当天的强势和突破的能力。若能把握住这个有利的买点，那么后期的操作将会把握主动权。

圈示位置的大阳线也是对第一根高开低走放量阴线的化解，在化解前期风险的位置入场是符合短线操作模式的。

针对在圈示位置买进该股的投资者，经过短暂的持股，已经获利丰厚，4 月 26 日股价高开后，走势开始显弱的时候，就是我们选择短线离场的时候。

虽然这个位置离场，若后期股价再次快速拉升会让我们错过一些利润，但是，面对放量滞涨的预期和已经获利丰厚的账户，采取主动离场的操作策略是正确的。

若后期能够再次走强，化解掉这个放量滞涨的信号，那么再次制订新的操作计划，入场操作也不耽误什么事情。这就是短线操作的优势。

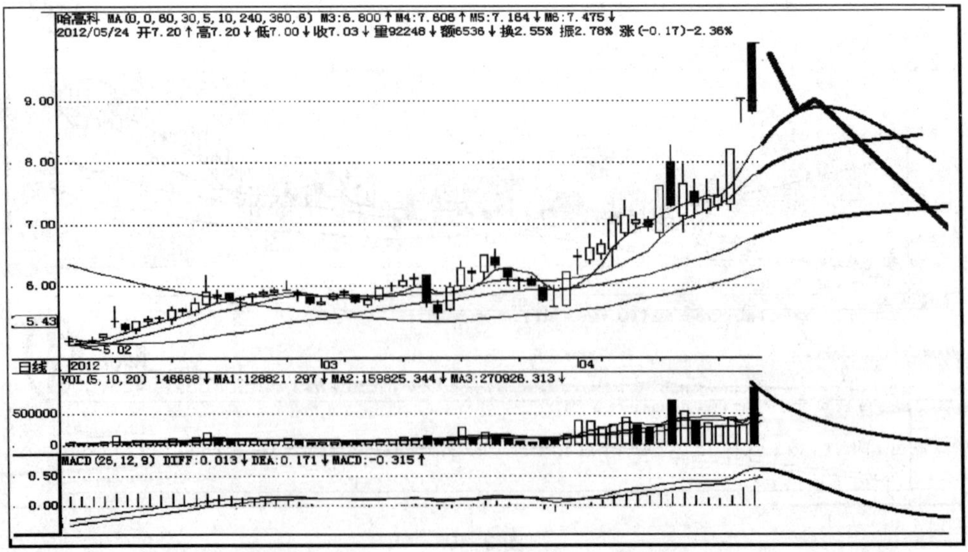

图 3-50

操作策略(二)图 3-50，600095 哈高科(2012 年 4 月 26 日)。

面对高位放量滞涨的股票，总是需要我们高度警惕，防止股价的快速下跌。高位放量滞涨后，随之而来的展开下跌行情是大概率，高位高开低走且放巨量的大阴线，后期更容易带来持续下跌的走势。

所以，此时我们要把离场作为重要的操作策略。离场方式可以根据盘面特征选择主动离场，5 日均线的标尺作用要高度重视，当股价跌破 5 日均线的时候，要被动离场。

在 4 月 26 日该股已经走出了明显的弱势走势，对盘中持有股票的短线投资者打击沉重，若股票进一步上涨的内在动力比较强，则次日应立即止跌，最弱也是横盘整理。在快速下跌后，次日若继续下跌打破 5 日均线，并且带动 5 日均线拐头向下，那么首先给我们的盘面信息就是该股对前面的快速拉升强势开始否定。

从量能上分析，股价下跌的同时，还想在短期内化解掉这个量能，就必须持续保持交易的高度活跃，而下跌往往伴随着量能的持续萎缩。破位后，我们需要放弃对该股所有的买入计划，只能耐心等待下一次新的操作机会的到来。

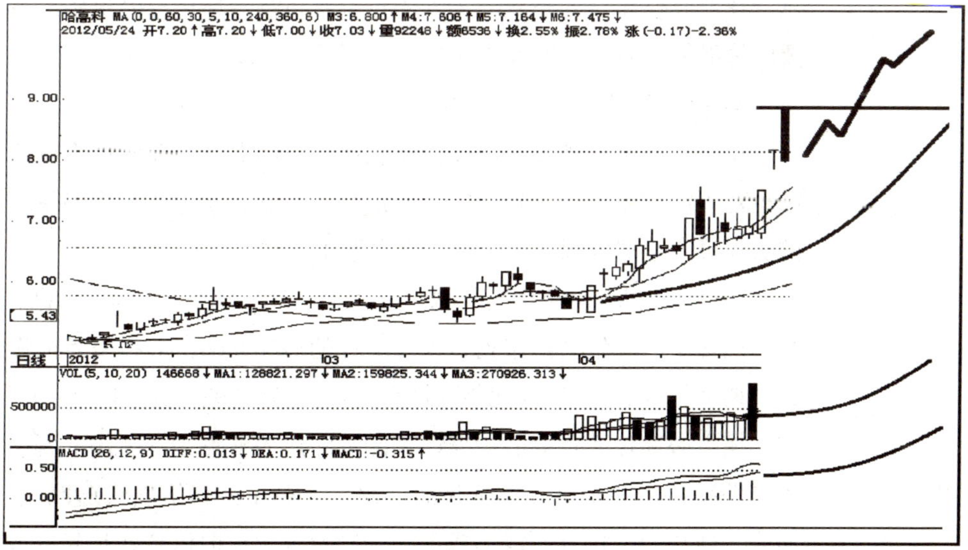

图 3-51

操作策略(三)图 3-51，600095 哈高科(2012 年 4 月 26 日)。

上涨中的中继调整有很多种方式，高开低走的巨量阴线对盘中短线持筹者杀伤力较大，所以在实盘中有些主力资金也会采用此种方式清洗筹码。

4 月 26 日带给我们的操作只有卖出，但是，这根 K 线是我们用来对后市进行准确研判的一个标准，经过充分的消化浮筹，该股若有进一步上涨的内在动力，则会在很短的时间立即消化掉这根大阴线对市场的影响。

最为强势的表现是次日就开始展开进攻，在很短的时间里，依靠 5 日均线的助涨作用，快速向上拉升。快速拉升的股价在不多的交易日就会吃掉 4 月 26 日的大阴线，当大阴线被完全消化的时候，不利的盘面就会变成对多方有利的局面。

我们进行买进操作的点位也是股价再次创出新高的位置，若盘中分时表现强劲，同时能够预期到有可能快速创新高，就可以提前布局该股。

对于成交量的要求不是很多，在量能不需要放大的情况下能够有效吃掉这根大阴线，反映的盘口信息是更加有力和强势的上涨信息。在新高位置，即是我们买入的点位，也是后期止损的价格，只要股价能够沿着 5 日均线持续攀升，短线就可以大胆地持有该股。

操作策略(四)图 3-52，600095 哈高科(2012 年 4 月 26 日)。

短线的调整多种多样，高位滞涨后，继续保持当前价位横盘不跌也是短线调整的一种较为常见的走势。对于这种走势，我们采取的操作策略是继续跟踪，等待其盘面发生新的变化后再动。

经过一根大阴线的快速调整，虽然给市场一个较有影响力的信号，但这个大阴线会给市场带来什么样的后期影响，对投资者的操作预期有什么影响，都需要从后期的实盘走势来进行深度挖掘。

横盘必须伴随量能的萎缩，量能萎缩后的横盘才是市场活跃度下跌的横盘，才是真实的洗盘而非出货。若量能持续地快速放大，而股价横在当前位置不能形成上涨，则反映的盘面信息就是高位放量滞涨。持续的高位放量滞涨，我们理应看淡该股。

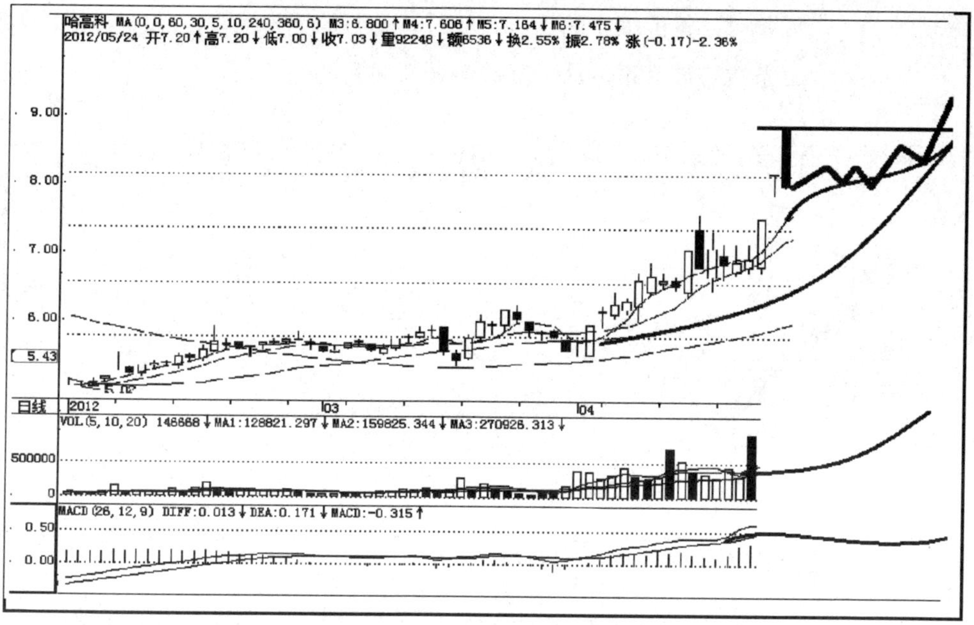

图 3-52

当缩量横盘的走势延续几个交易日后，股价若能采取慢步爬升的方式吃掉 4 月 26 日的大阴线，在不知不觉中消化掉了高位抛压的标志性 K 线，并且使得 10 日或者 30 日均线逐步靠拢，在股价创出新高的时候，就是我们买进的时候。

当股价创出新高，或者预期必定要创出新高的时候，通过对盘面分时的观察，寻找一个较为理想的买点，进行短线持股。

第十一节　600101 明星电力(2012 年 3 月 9 日)

盘面解析图 3-53，600101 明星电力(2012 年 3 月 9 日)。

2011 年年底，明星电力延续着 BOLL 线指标下轨通道的运行，下跌幅度较大时紧贴下轨线向下拓展空间。在 2012 年初该股止跌，连续小阳线首次站上了中轨的上方。

在该股有效站上中轨后，股价开始延续上涨，量能放大，下跌调整时，量能缩小的走势。经过一个月的调整横盘，BOLL 线指标的三条线均被修正，从下降趋势转为向上的趋势。

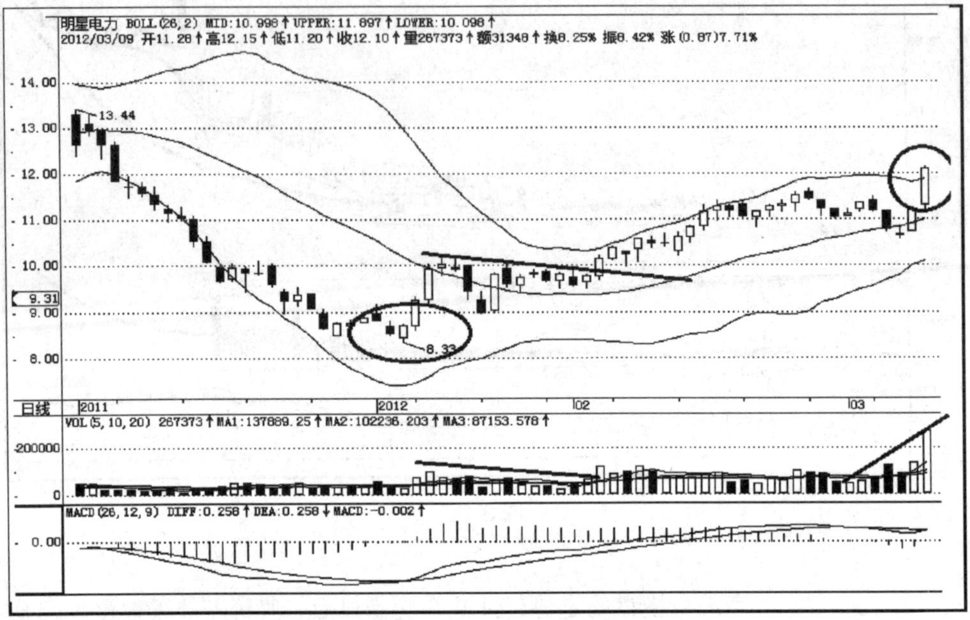

图 3–53

股票日 K 线经过向上拓展空间后，扭转了该股的下跌趋势，并且在 3 月份迎来了首次调整。股价调整到 BOLL 线指标的中轨，受到支撑，然后快速放量向上突破了 BOLL 线指标的上轨。

在这个位置是一个比较重要的位置，不但改变了下降通道，而且经过了蓄势和回调，然后再次快速地向上拉升，拉升时关键一点是有量能的配合，使得该位置成为一个较好的买入点位。

实盘中我们应该紧跟这个点位，在 K 线有效受到支撑 BOLL 线指标突破上轨的时候，在实盘中密切跟踪把握较好的操作时机。

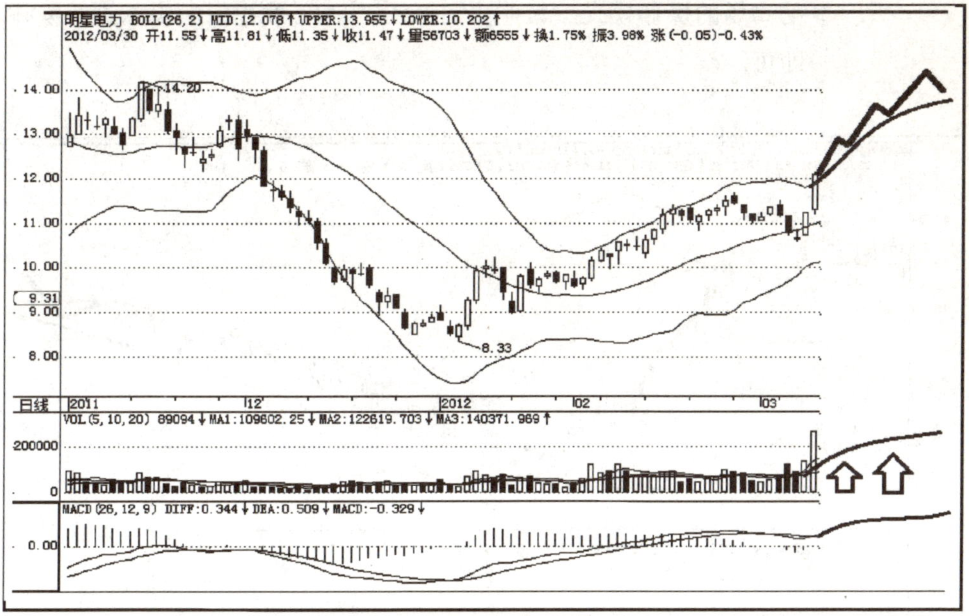

图 3-54

操作策略(一)图 3-54，600101 明星电力(2012 年 3 月 9 日)。

按照常规走势，经过充分调整后的股票有上涨的动力，量能能够给予配合，股票日 K 线所处的位置和形态，支持股价进一步上涨，所以我们首先要采取的操作模式就是看涨，并且把这一操作模式作为大概率事件来把握。

3 月 9 日，该股首次冲破了 BOLL 线指标的上轨，在突破上轨后，我们密切跟踪分时走势图，从中寻找符合我们操作的做多因素，把握住买入点，进行买进操作。买进后，只要该股能够保持强势特征，我们就坚定地进行持股操作。

在上涨中，股价上涨，量能要温和地给予配合，活跃的交易是该股上涨的动力。上涨中量能若不能及时跟上，则谨慎持股。

BOLL 线指标的上轨是持股的标尺，只要股价能够稳定在 BOLL 线指标的上轨上方，我们就大胆持股。

持股的主动离场点是前期高点 14 元的上方，当股价站上 14 元上方的时候，只要盘中股性显弱，成交量异常，我们就可以采取主动离场的操作模式。其他情况下依照 BOLL 线指标的提示进行操作即可。

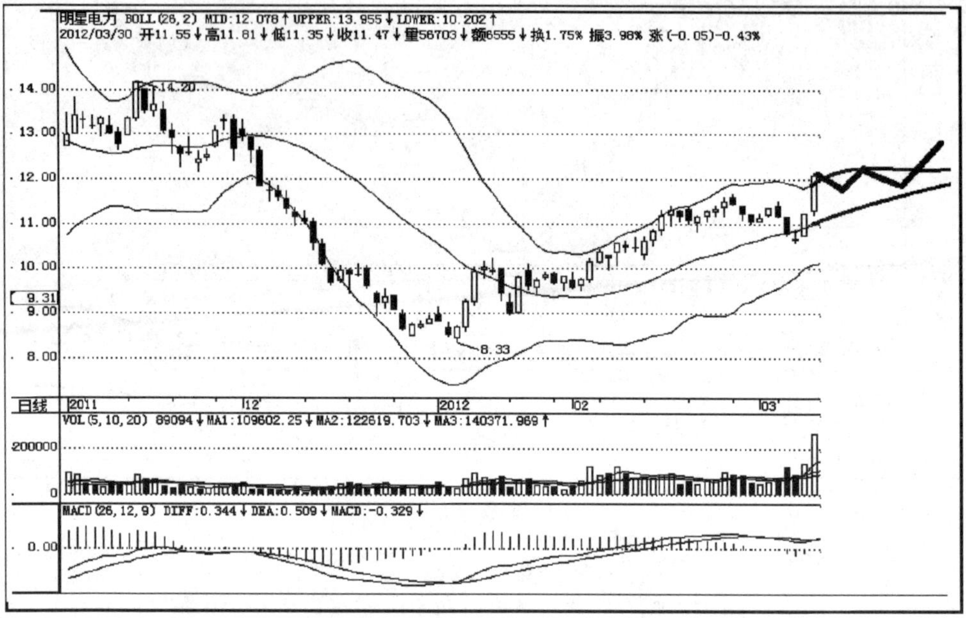

图 3-55

操作策略(二)图 3-55，600101 明星电力(2012 年 3 月 9 日)。

突破 BOLL 线指标上轨后，随后快速拉升只是一个大概率事件，并不代表是必须发生的事情。在实盘操作中，我们要做好多手准备，当我们预期的事情没有发生时，也有正确的应对方法，这样才可以做到准确而不慌乱地进行短线操作。

突破 BOLL 线指标上轨后，若量能不济，或者抛压盘较重，股价不能继续向上快速拉升的可能性也是有的。在高位，当抛压较重，而主力资金不愿意消耗太多能量，或者干脆就没有太多的能量来展开快速拉升，形成短期的多空平衡状态时，就会在高位出现继续横盘进行获利盘消化的走势。这就是我们常说的用时间换取空间的走势。

在这种走势中，我们不能着急进行操作，需要将该股放进自选股票池中进行跟踪观察。股票持续横盘，BOLL 线指标中轨逐步上升，当 BOLL 线指标中轨对股票日 K 线形成支撑，再次推动股价向上突破时，在突破位置，我们就可以根据盘面的实际情况，进行是否买进的决策。

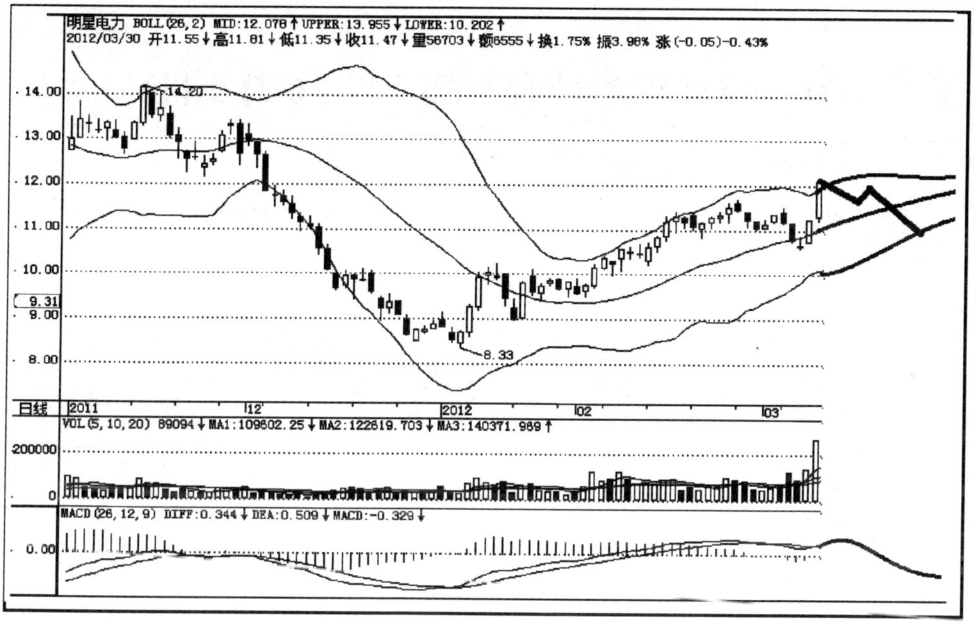

图 3-56

操作策略(三)图 3-56，600101 明星电力(2012 年 3 月 9 日)。

当股价突破新高而不能有效站稳的时候，我们需要对该股采取谨慎对待或者放弃操作的策略。

经过前期的横盘整理，然后股价又主动回调受到支撑后快速拉升，拉升得到了市场的认可，成交量活跃，买盘踊跃推进股价向上创出近期新高。可以说受到 BOLL 线指标中轨支撑和突破 BOLL 线指标上轨一气呵成。如此顺畅的走势，突然拐头向下，没有变盘的征兆和过渡，那么，该强不强的时候理应看弱。

3 月 9 日的阳线若被后期紧跟着的阴线快速吃掉，股价快速下跌，则无论量能大小，对前期的上涨都是一种打击和否定。否定了前期的上涨后，该股我们看多的所有因素将随之全部消失，所有的买入计划应全部放弃。

BOLL 线指标中轨是该股的最后防线，若快速下跌很快打破了 BOLL 线指标中轨，后期在 BOLL 线指标下轨通道中运行，则需要我们长期放弃对该股的持续跟踪。

第十二节 600105 永鼎股份(2012 年 6 月 1 日)

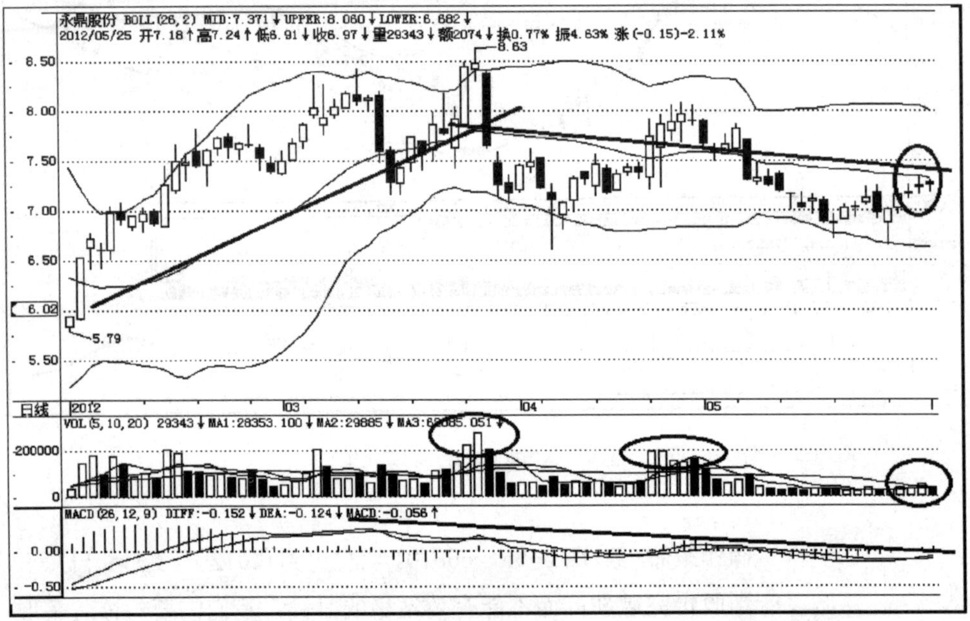

图 3-57

盘面解析图 3-57，600105 永鼎股份(2012 年 6 月 1 日)。

永鼎股份从 2012 年初以一根大阳线站上 BOLL 线指标中轨后，长期保持了在 BOLL 线指标上轨通道内的运行态势。在 3 月份前后，该股日 K 线阳多阴少，稳定上涨将股价从 6 元多的价位推升到了 8 元以上。

3 月间，由于股价已经经历了一段时间的上涨，在高位出现了震荡走势，同时成交量也开始逐步放量，高位多空分歧开始加剧。

3 月底、4 月初永鼎股份跌破了 BOLL 线指标中轨，在 BOLL 线指标下轨通道内运行，并且开始反复。期间有过反弹，反弹虽然有量能的支持，并且也打破了 BOLL 线指标中轨的压制，但是反弹的力度和持续性较差，没有能够有效站稳 BOLL 线指标的上轨。

随后 5 月初股价再次打破 BOLL 线指标中轨，在 BOLL 线指标下轨运行，同时 BOLL 线指标的趋势完全转头向下，成交量也开始急速萎缩。

在我们圈示的 6 月初，成交量萎缩严重，盘中交易异常清淡，股价再次触摸了 BOLL 线指标中轨，是否能够形成有效突破，需要我们进一步分析并制定相应的操作策略。

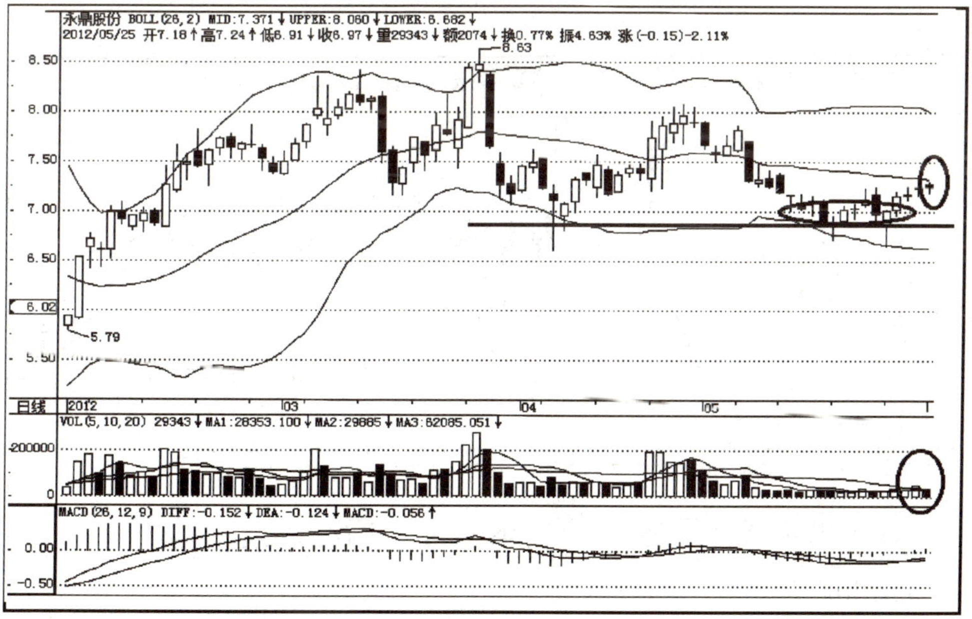

图 3–58

操作策略(一) 图 3-58，600105 永鼎股份(2012 年 6 月 1 日)。

在我们圈示的第一个位置属于股价触及前期相对低点的位置。

在这个位置上，前期股价经过缩量下跌，展开了一波反弹行情，若抛弃 BOLL 线指标的形态，只看日 K 线所处的整体位置，则第一个圈示位置，股价处在了经过一个近似于箱体的底部位置。

在这个近似于箱体的底部位置，股价下跌缩量，底部交易比较清淡，同时股价也触及了 BOLL 线指标的下轨，有了一定的止跌迹象。虽然我们不主张在该位置进行买进操作，但是该位置也属于一个可以操作的买入点位。

若在第一个圈示位置我们买进了股票，那么在 6 月 1 日也就是图中圈示的第二个位置，就应该是一个卖出的位置。

股价虽然走出了上涨形态，但是上涨时没有量能的配合，盘中交易依然清淡，上涨的力度也不强。量能不足、力度不够，对 BOLL 线指标中轨形成突破的可能性就不大，所以我们要尽快地主动卖出手中的股票，进行换股操作。

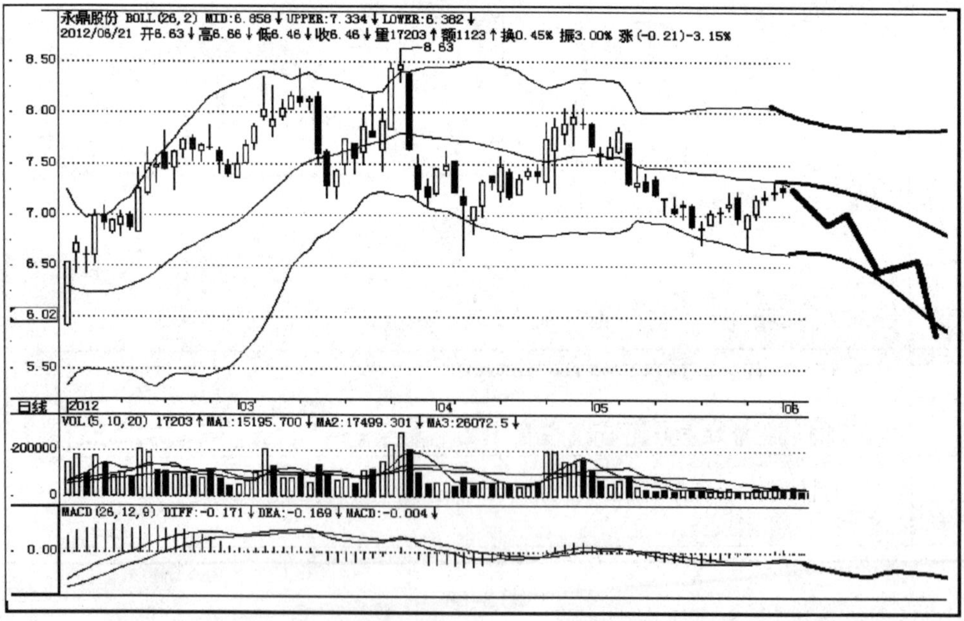

图 3-59

操作策略(二)图 3-59，600105 永鼎股份(2012 年 6 月 1 日)。

按照常规走势，根据该股日 K 线所处的位置，当前的形态以及量能的情况，受制于 BOLL 线指标中轨的压制，出现进一步下跌的走势概率比较大。

当股价触及 BOLL 线指标中轨，不能在量能的配合下向上突破时，我们应该主动离场，场外的投资者也应该放弃对该股的买进操作计划。前期对 BOLL 线指标中轨形成向下的突破，然后在下跌中有效地将 BOLL 线指标牵引掉头向下运行，然后再次反弹对 BOLL 线指标中轨进行反抽确认压力，一系列的动作后，若伴随价格重心下移，则很有可能会出现快速下跌。

下跌过程中无论量能放大还是萎缩，都是一种助跌的下跌形态，MACD 指标在股价的下跌中也开始逐步向下运行，所有形态和指标都趋向于对多头不利。

只要有快速下跌的预期，我们就必须要回避，当股价展开快速下跌时，会进一步将 BOLL 线指标的空间扩宽，带动着 BOLL 线指标向下运行。此时，该股将成为我们短线要远离的下降通道的弱势股票，需要我们放弃对该股的继续跟踪，放弃对个股的任何买入操作计划。

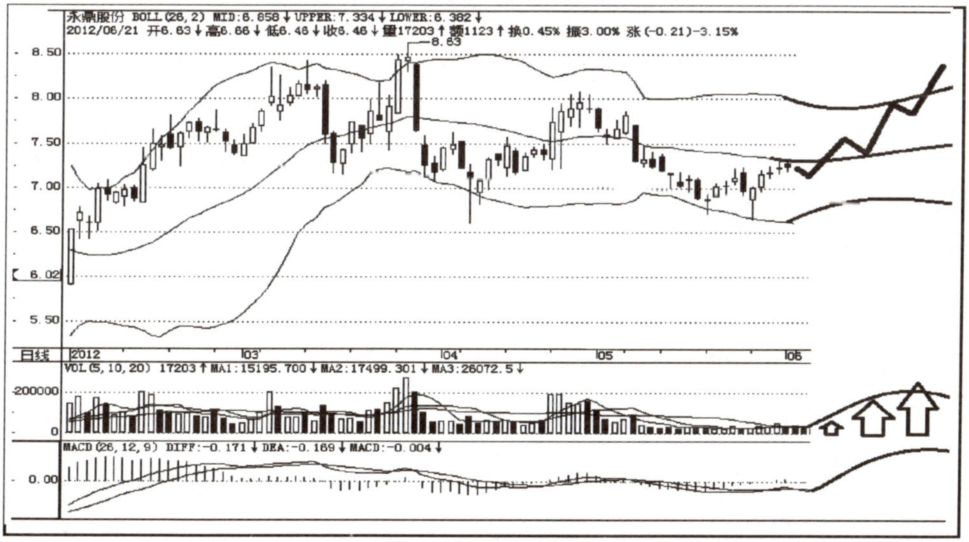

图 3-60

操作策略(三)图 3-60，600105 永鼎股份(2012 年 6 月 1 日)。

在 6 月 1 日的位置，BOLL 线指标的中轨压制明显，该股虽然经过了箱体整理，并且在整理期间，箱体的底部量能萎缩，属于一种良性表现，但是本次的反弹触及 BOLL 线指标中轨属于无量反弹。

没有量能的反弹，显示盘中的交易不够活跃，没有足够的做多力量推动股价进一步上涨。所以，股价要想进一步上涨，就必须要有上涨的动力，即量能的配合。在该位置，若盘中一改常态，放量开始突破 BOLL 线指标的中轨，则我们要对该股进行跟踪关注。

在量能的配合下，永鼎股份向上突破了 BOLL 线指标的中轨，并且在中轨的上方有效站稳。稍作停留后，再次向上攀升，同时量能继续给予了该股良好的配合。

在 BOLL 线指标上轨通道内运行期间，我们要对该股进行密切跟踪和关注，从盘中寻找合适的做多机会，若该股能够再次转强，则可以进行实盘买进的短线操作。

股价在 BOLL 线指标上方通道中运行期间，同时还要根据盘中变化和盘面强弱，参考前期高点的位置制订另外的操作计划。

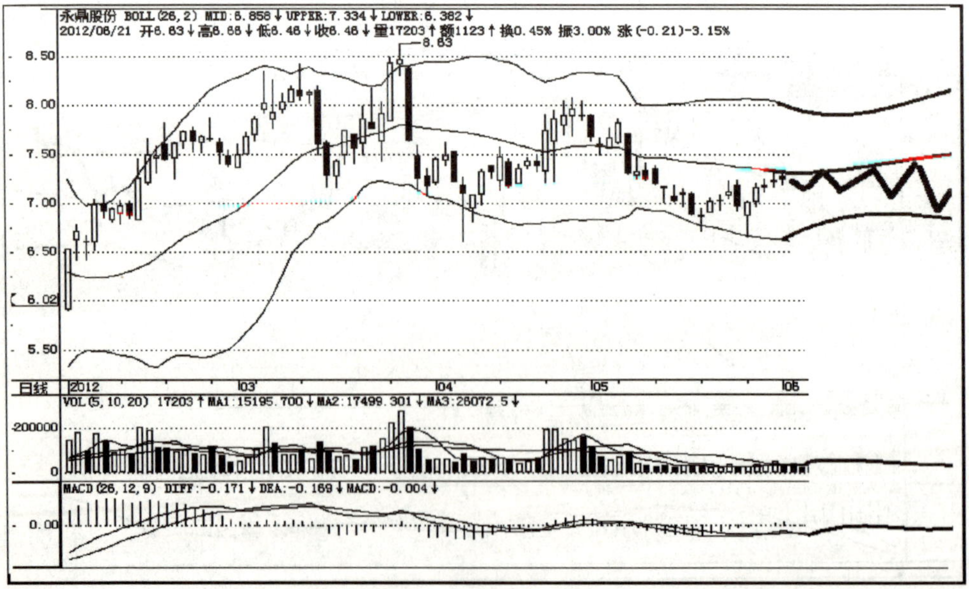

图 3-61

操作策略(四)图 3-61，600105 永鼎股份(2012 年 6 月 1 日)。

BOLL 线指标的中轨压制可以形成弱势特征，但不一定都是以快跌的形式表现出来。

当股价受到 BOLL 线指标中轨压制，没有做多力量形成，无法突破 BOLL 线指标中轨的时候，若周围环境给予良好的支撑，同时该股的做空力量没有主动出击，则股价将形成短期的平衡状态，延续 BOLL 线指标中轨的横盘走势。

横盘不跌在上涨趋势中属于强势整理，而在下跌趋势中出现的横盘不跌则属于弱势整理。在上涨趋势中的横盘不跌，同时量能相对萎缩，我们要进行跟踪观察，寻找是否有买入的机会进行短线买进后持股待涨。

而在下跌趋势中形成的缩量横盘不跌，我们要保持警惕的心态，时刻防止该股蓄势后积蓄新的做空动能，随后展开进一步快速下跌的走势。

所以，当该股在 6 月 1 日后，持续保持多空平衡的状态，我们理论上对该股的操作暂时放弃，可以通过观察对该股进行跟踪，只要向下拓展空间，则放弃一切买入计划。若能在横盘后向上突破 BOLL 线指标中轨，那也是进一步观察的一个因素，不能作为买入的条件。

第十三节 600315 上海家化(2012 年 7 月 30 日)

盘面解析图 3-62，600315 上海家化(2012 年 7 月 30 日)。

从整体来看，上海家化在 2012 年上半年从横盘走势逐步演变为上升走势。BOLL 线指标跟随股价的上涨从横向发展逐步演变成了向上的通道。

在 5 月初，该股一根大阳线向上突破了 BOLL 线指标中轨后，随后的走势中，日 K 线始终保持在 BOLL 线指标上轨通道中运行。在上涨过程中，成交量也逐步放大，对股价向上拓展提供了量能支持。

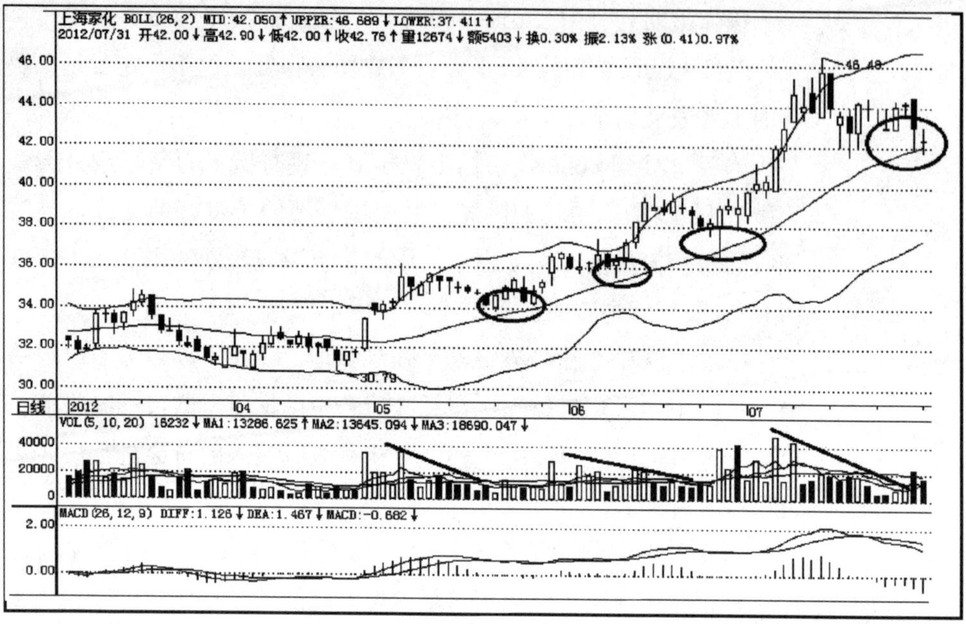

图 3-62

该股在上涨过程中，走势比较有规律，每次触摸到 BOLL 线指标的中轨，都会形成一个反弹走势。股价在下跌或者横盘调整过程中，有效缩量，当 BOLL 线指标中轨赶上来对股价形成支撑后，股价就放量向上拉升。

在经过前期几次触及 BOLL 线指标中轨上涨后，在最后一个趋势位置，该股触摸 46.48 元高点后再次触摸 BOLL 线指标的中轨。在这个位置，成交量萎缩后相对稳定。参照前期该股的走势，以及该股日 K 线和当前所在的位置，对该股我们有理由进行重点关注。

操作策略(一)图 3-63，600315 上海家化(2012 年 7 月 30 日)。

每只股票的走势不会完全重复历史，但是历史走势会对股票下一步的运行有着至关重要的影响作用。每一只股票在一个阶段都会有着一定的股性，而这个股性反映在股票的日 K 线形态上，在短时间里会有着简单的重复作用。

活跃的股票，保持大幅度的涨涨跌跌，要想停下来持续小阴小阳，需要一定的时间来转变。长期小阴小阳横盘，股性表现呆滞的股票，要想走出大幅涨涨跌跌的走势，则需要盘面资金或者大环境发生变化，对其走势形成重大影响。

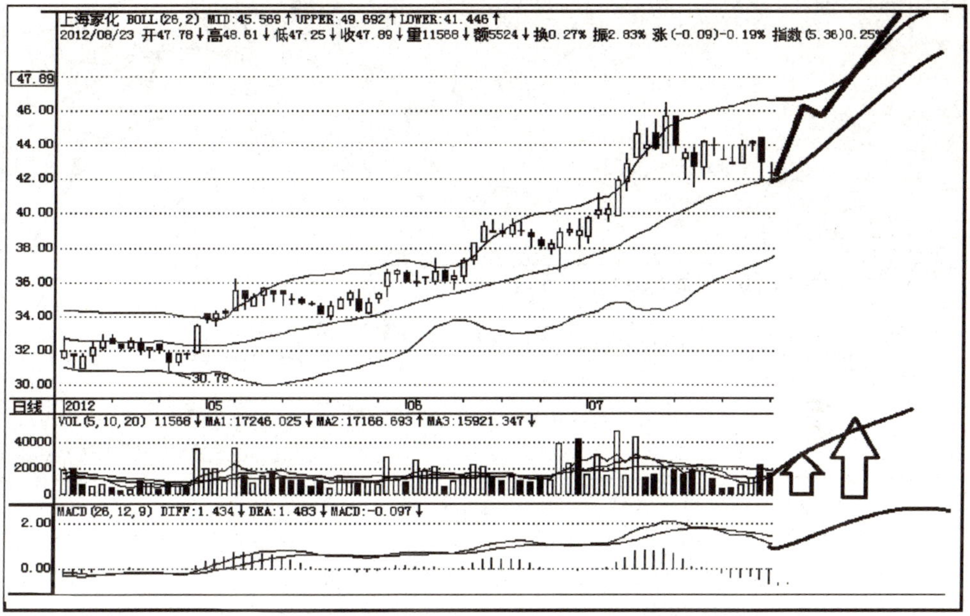

图 3-63

所以，当上海家化保持在 BOLL 线指标上轨通道内运行，每次回踩 BOLL 线指标中轨都受到标准的支撑时，在 7 月 30 日位置，我们也有理由相信，此位置有一定的支撑效用。至于能否支撑住，则需要我们继续跟踪和观察。

既然有支撑效用，同时量能比较配合，那么从概率上来考虑，我们就有理由在该位置买进股票来预期短线的再次上涨。重点需要关注的是量能的配合，股价受到 BOLL 线指标支撑上涨时，量能必须给予一定的配合，只要量能配合，展开快速拉升走势，突破 BOLL 线指标上轨后，依照上轨不破的走势来进行短线持股操作。

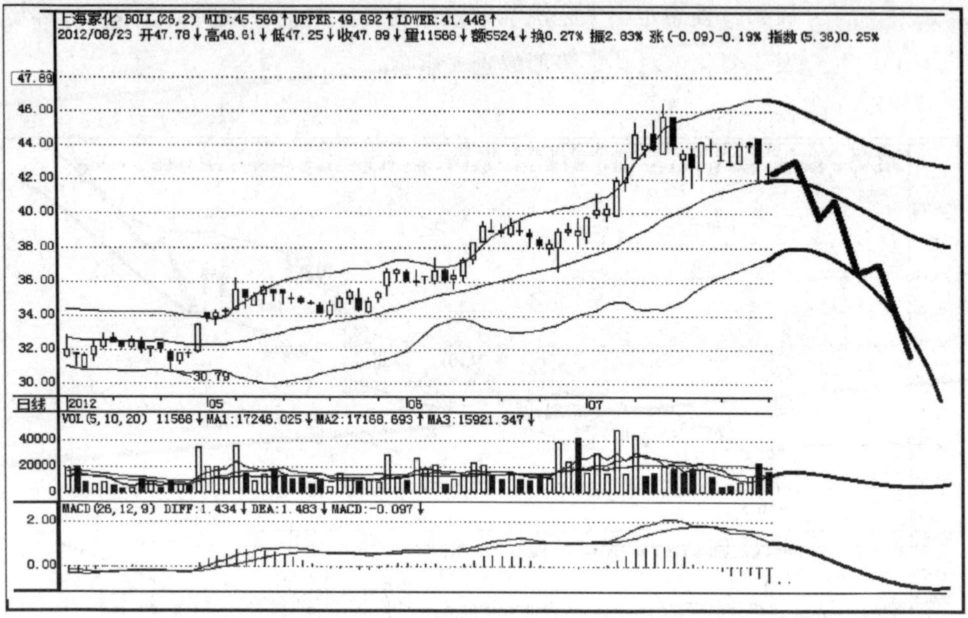

图 3-64

操作策略(二)图 3-64，600315 上海家化(2012 年 7 月 30 日)。

BOLL 线指标中轨有支撑作用，但是并不是说 BOLL 线指标中轨一定能够阻止住股价的下跌。从该股日 K 线形态和日 K 线所处的位置，接下来进一步上涨的概率极大，但是，在实盘操作中，我们要做好多方面的准备，因为股价的上涨和下跌是动态的，是时刻因外部环境和自身多种因素变化而变化的。

若 BOLL 线指标中轨支撑失败，股价突然展开快速下跌，跌破 BOLL 线指标中轨，同时也等于跌破了这个相对高位的横盘整理下沿，然后快速向下进一步拓展空间，那么，我们要对该股的评价立即从关注变为完全放弃。

股票见到高点后，在相对高位进行了充分的缩量横盘，若紧跟下来的则是快速向下破位。本来走势一直强劲，处在上涨通道的股票，没有经过太多的趋势转变，以一种极端的态度进行了多空转变，对前期的上涨趋势进行了快速打破，是一种较弱的盘面特征，所以我们要远离该股。就算是后期该股再次转强，也要再次进行充分的分析，有多点因素支持做多时，才能入场操作。

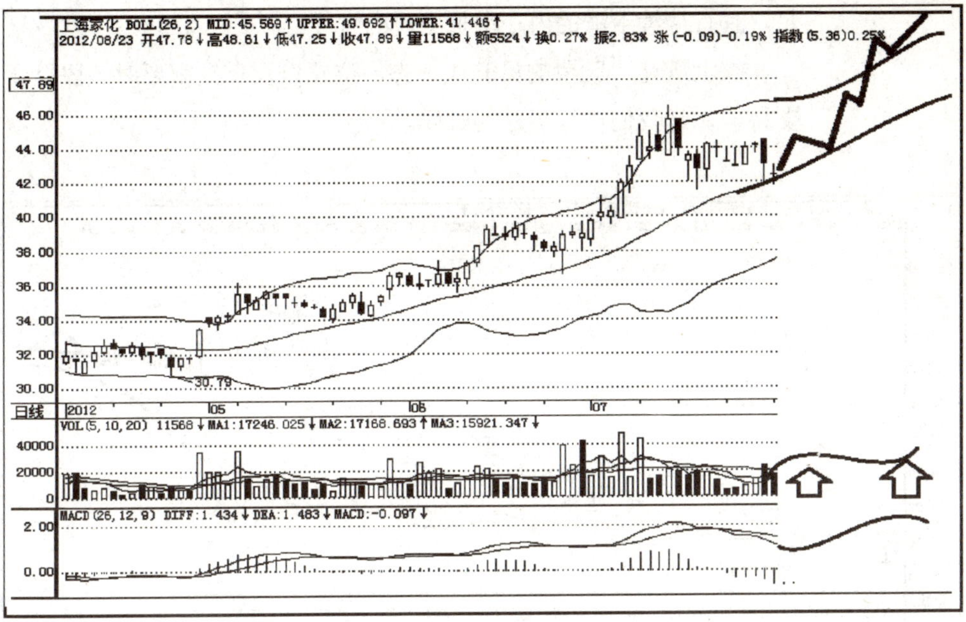

图 3-65

操作策略(三)图 3-65，600315 上海家化(2012 年 7 月 30 日)。

当股价受到 BOLL 线指标中轨支撑后，做多力量充足，在量能的配合下，股价会展开快速地拉升走势，这是我们短线操作最为希望看到的。快速地拉升还有可能会引来主升浪，紧跟主升浪，短线持股会实现可观的利润收益。

实盘中，做多的力量是否充足，需要我们在走势中跟踪观察来确定。股价受到 BOLL 线指标支撑，做多力量相对平衡，该股就有可能延续 BOLL 线指标上轨通道内运行的走势。

股价沿着 BOLL 线指标中轨缓缓上涨，量能对上涨形成助力，此时保守的投资者要对该股进行重点跟踪，而非实施买入操作。在跟踪中，通过盘面的变化对后期进行预期分析，当发现机会来临时，可立即进行买入操作，若时机不成熟，则放在自选股票池中继续跟踪观察。

这里所等待的时机一是股价持续缓缓上涨，在突破 BOLL 线指标上轨的点位或者创出新高的点位，二是盘中股票突然上涨动力十足，且有持续上涨的内在动量出现的时候。

综上所述，股票的日 K 线形态、位置以及量能都要对该股给予支持，才是我们进行买进的时候。

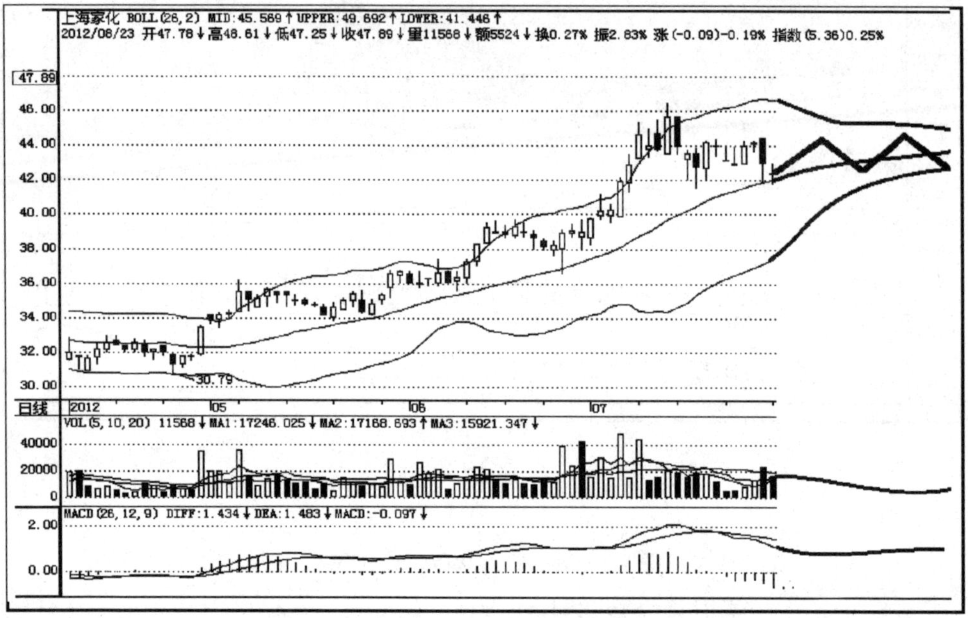

图 3-66

操作策略(四)图 3-66，600315 上海家化(2012 年 7 月 30 日)。

股票的横盘在触摸到 BOLL 线指标中轨若能保持持续向上的走势，只要不破 BOLL 线指标中轨，延着 BOLL 线指标中轨的支撑而上涨，我们始终认为该股处在 BOLL 线指标上轨通道中运行，属于强势股票。

而横盘持续时间较长，完全漠视 BOLL 线指标中轨的存在，BOLL 线指标中轨与股价交融后，没有任何的支撑效应出现时，该股的强势特征就被削弱了一大半。

若该股的持续横盘还伴随着成交量的持续萎缩，则量能萎缩的程度越大，对该股越不看好。量能不能低于上涨通道中的任何一个时期，只要连续几日处在上涨通道的最低价下方，那么我们就要对该股进行放弃操作。

随着股票的长期横盘，BOLL 线指标的三线也会逐步地靠拢，在靠拢到最后时刻，也是股价必须选择方向的时候。而在这时候选择方向，就算是继续向上，也没有了前期在 BOLL 线指标没有靠拢之前形成的突破真实。

若在 BOLL 线指标三线靠拢的位置，向下突破，则该股的持续跟踪将告一段落。

第十四节　600365 通葡股份(2012 年 5 月 11 日)

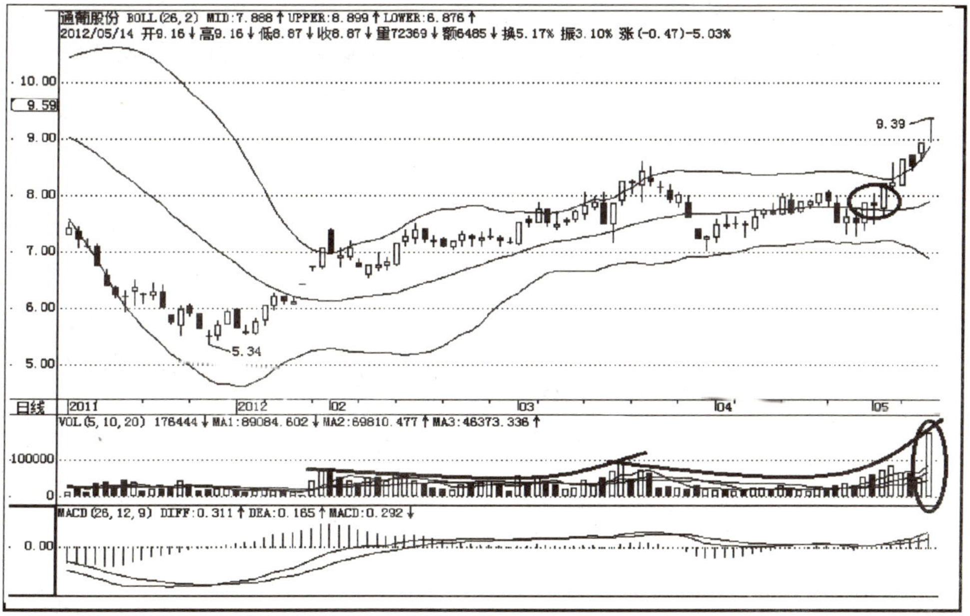

图 3–67

盘面解析图 3-67，600365 通葡股份(2012 年 5 月 11 日)。

该股初期顶着BOLL线指标下轨下跌，其跌势凶猛，带动BOLL线指标开口张大。在触及5.34元低点后，股价止跌，向上有效突破了BOLL线指标的中轨，随后继续快速上涨，在BOLL线指标上轨附近放量充分换手后停止上涨。

在接下来的4个月中，股价沿着BOLL线指标上轨通道运行，成交量温和放大。在经过一段时间上涨后，股价向下调整，并且打破BOLL线指标中轨，随后围绕中轨进行了为期一个月的调整走势。在调整期间，成交量相对萎缩。

进入5月，股价在成交量的支持下，开始放量向上拉升。上涨势头强劲，一举突破了BOLL线指标中轨和上轨，并且股价沿着BOLL线指标的上轨持续向上拓展空间，向上拉升的后劲十足。

在股价突破BOLL线指标上轨后，沿着上轨外运行几个交易日，5月11日，股价以涨停板高开，经过快速回探后再次向上收高，最终日K线图中留下了一根孤量T字形K线。这根K线所处的位置和形态特征，都需要我们重点关注，结合当时实盘情况，制订详细的操作计划。

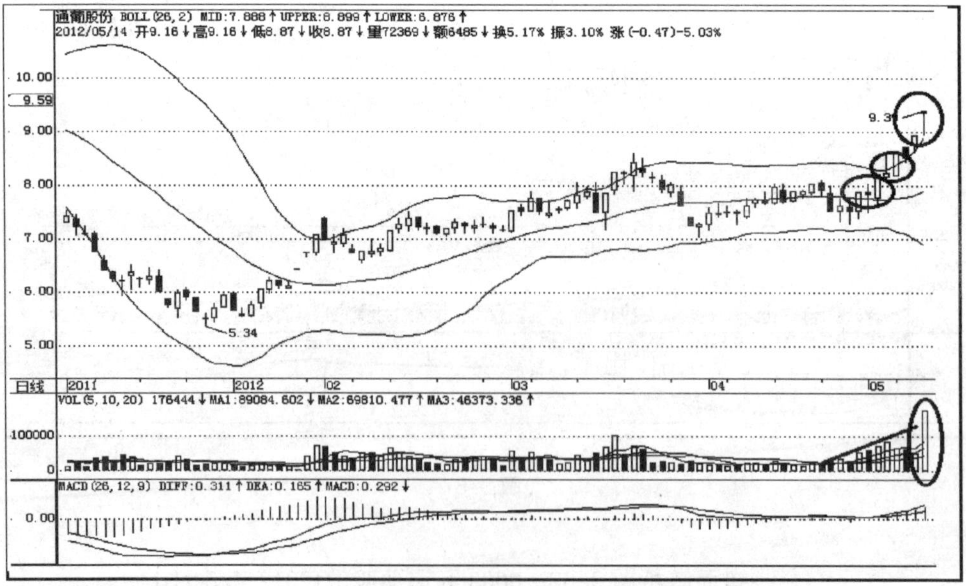

图3-68

操作策略(一)图 3-68，600365 通葡股份(2012 年 5 月 11 日)。

该股在 2012 年年初止跌，有效站上 BOLL 线指标中轨后，一直沿着 BOLL 线指标上轨通道运行。期间虽说是调整走势，但是上涨欲望强烈，股价始终保持着向上逐步攀升的走势，同时成交量也给予了有力的配合。

在经过一段时间的上涨后，股价向下回调消化获利盘。可以说，经过前期的缓步推升，和近期的主动回调，若关注该股的主力资金有向上拉升欲望，其调整充分，在股价开始放量向上突破的时候，我们就可以跟随买进该股。

在图中突破 BOLL 线指标中轨是第一个试探性的买入点，其买入的原因就是该股经过了充分的整理，盘中放量向上拉升，且能在分时和实盘中找到明显的上涨动力。

在第二个圈示位置，股价在量能的配合下突破了 BOLL 线指标的上轨，我们依然可以在实盘中，紧盯分时走势，寻找合适的买入机会。

无论是在第一个圈示位置，还是在第二个圈示位置，只要我们找到了合适的买点，就可以进行短线买入的操作。当前(5 月 11 日)这个孤量点，属于主动离场操作的短线获利离场点。

当然，离场点是针对习惯于获利后主动离场的投资者。

操作策略(二)图 3-69，600365 通葡股份(2012 年 5 月 11 日)。

在当前位置，出现一个放孤量的 T 字形 K 线，属于一个具有标志性意义的 K 线，对后市的操作有很重要的参考意义。

虽然这根 K 线的量能属于孤量，但是当日该股高开后没有走出低走收出大阴线的走势，收盘时股价依然保持在接近涨停板的位置。若后期在持续跟进的量能配合下，该股继续上涨，那么，当前的量能属于一个良性的换筹量能。

对该股后市预期较好的投资者，在股价没有跌破 BOLL 线指标上轨前，可以谨慎地继续持股。激进的投资者，在股价继续向上拓展空间，盘中表现强势，量能对该股的上涨给予支持时，可以在盘中寻找较好的点位，短线大胆跟进该股。

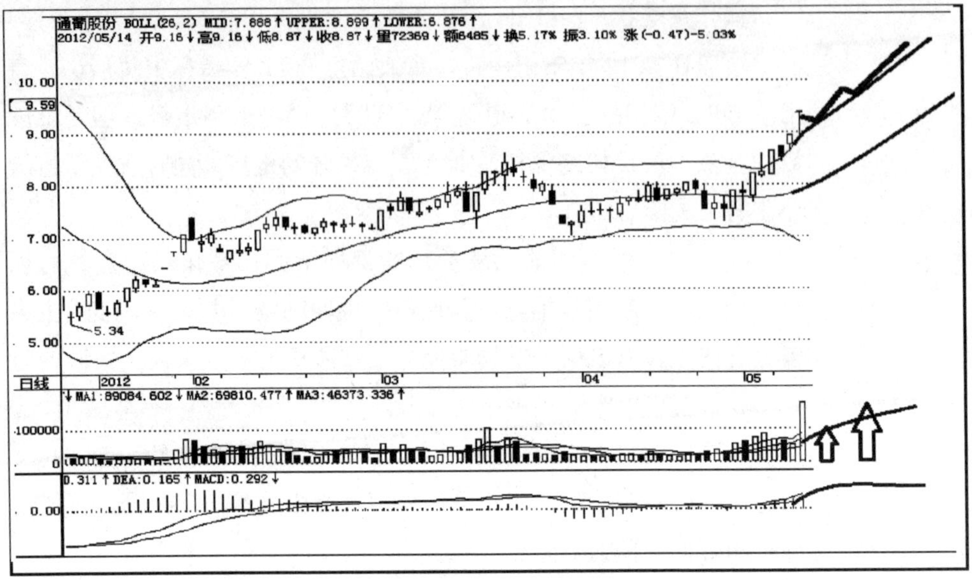

图 3-69

在该位置进行买入操作必须要对个股和大盘有良好的上涨预期，个股盘中表现强势，有充足的上涨动力。若个股与板块相互呼应，能够预期到主升浪的到来，那么在股价有效化解这根 T 字形 K 线时，就可择择机买入了。

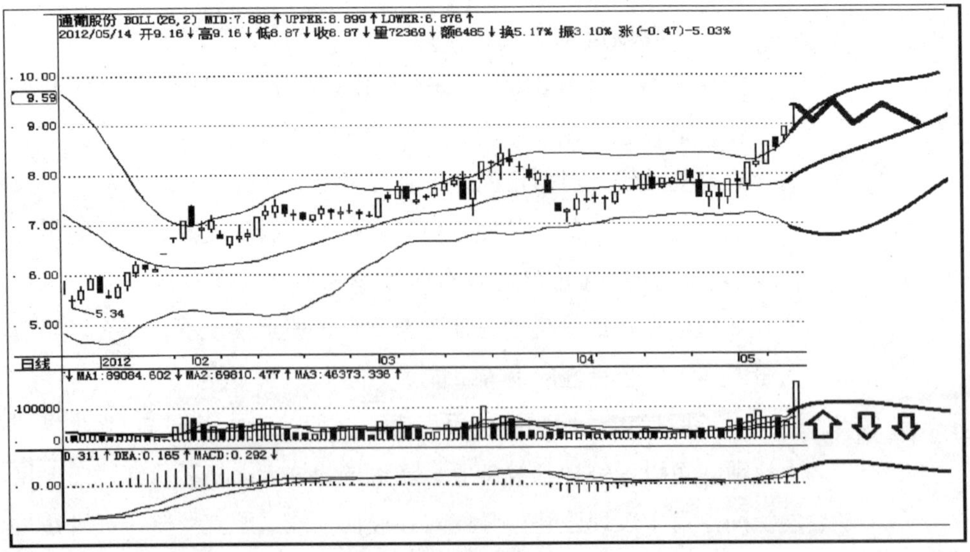

图 3-70

操作策略(三)图 3-70，600365 通葡股份(2012 年 5 月 11 日)。

T 字形 K 线对盘面的变化有着很重要的影响，高位放量形成的孤量对做多力量消化比较多，同时该位置的放量也反映了交易活跃，多空换手充分，对盘中获利筹码的清洗效果也比较明显。

无论是做多的主力资金，还是获利后持筹心态不稳定的短线做空力量，经过 5 月 11 日的 K 线消化后，盘面处于暂时的多空平衡状态，走出高位持续横盘整理的走势，我们需要如何应对呢？

只要是在 BOLL 线指标上轨通道内的横盘，我们都可以理解为趋势的延续。而上轨通道内的调整分为横盘等待 BOLL 线指标中轨向上靠拢股价，股价主动调整快速回踩 BOLL 线指标中轨获得支撑两种方式。

两种方式中，以股价保持相对高位不跌，等待向上走的指标线主动靠拢股价，对股价形成支撑效果为最佳。在股价受到指标线支撑形成助涨效果时，只要盘中各种因素趋于多头有利，我们就可以结合成交量及分时走势，寻找良好的买入机会进行短线买进操作。

若在股价以横盘等待的方式等待 BOLL 线指标中轨相会，而没有形成支撑效应，股价很快跌破中轨线，同时快速向下拓展空间时，对该股我们则要放弃跟踪。长时间的横盘整理后，股价依然延续了下跌走势，股性转弱。

操作策略(四)图 3-71，600365 通葡股份(2012 年 5 月 11 日)。

若该股在 5 月 11 日出现放量滞涨后，第二个交易日直接大幅杀跌跌破 BOLL 线指标上轨，则无论是持有该股还是准备寻找机会进场的投资者，都要在第一时间远离。

5 月 11 日的放量滞涨已经让市场内外的投资者充分换手，次日股价的涨跌，往往是后期该股涨跌方向的先兆。充分换手后的股票，出现快速下跌，市场中的做空势头强劲，需要我们远离该股，等待新的操作机会。

快速下跌的第一步是有效跌破 BOLL 线指标上轨，此时虽然需要我们远离该股，但是股价依然处在 BOLL 线指标上轨通道中运行。可以对该股进行谨慎跟踪，只要股价能够始终保持在 BOLL 线指标上轨通道内运行，其上涨趋势就没有被完全打破。

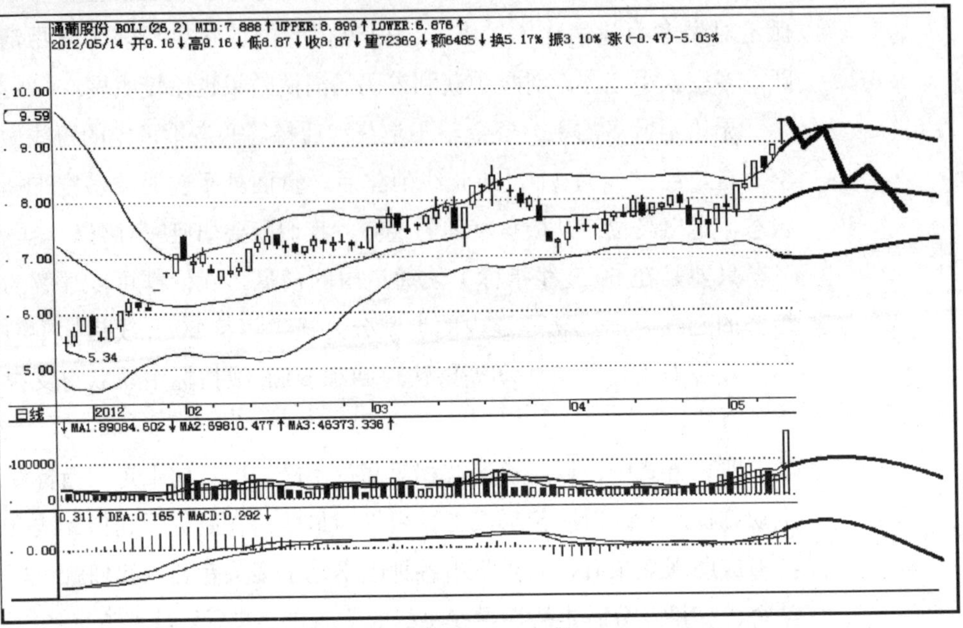

图 3–71

在上涨通道内运行的股票，我们需要对量能和强弱势头进行跟踪观察，中轨依然是支撑的重要观察点。后期该股要想进一步走好，必须要有量能的配合，同时还要有效地化解掉 5 月 11 日的高开孤量 T 字形 K 线。

若 BOLL 线指标中轨支撑失败，BOLL 线指标三线开始向下运行，则该股的上涨趋势被全部瓦解。

第十五节　600369 西南证券(2012 年 4 月 12 日)

盘面解析图 3-72，600369 西南证券(2012 年 4 月 12 日)。

西南证券在见到 7.6 元底部后，展开了一波快速上攻走势。在上涨中，成交量相比前期温和放大，属于良性特征。

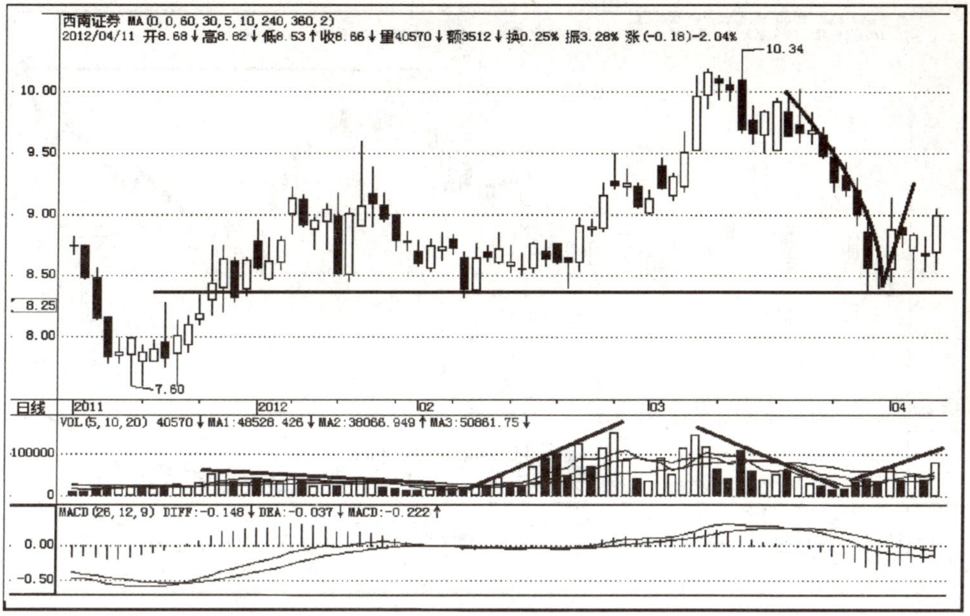

图 3-72

股价站上 9 元以后，震荡开始加剧，盘中有调整要求。随后的调整幅度不大，成交量随着横盘整理而逐步萎缩，股价反复对 8.5 元进行底部夯实确认后，再次展开了一波拉升行情。在拉升中，成交量相比前期再次放大，上涨扎实而有力。

在 9 元附近的高点位置，稍作整理后，股价再次向上拉升触摸到了 10.34 元高点，由于量能不能再次推升股价上涨，该股展开了快速下跌，再次回到了 8.5 元低点。

在 4 月初，这个位置是一个值得我们推敲的位置。股价快速下跌，被一根有力的阳线吞噬，随后进行了强势整理后，再次以一根强有力的阳线放量拉升。

4 月初的位置即是前期整理低点的位置，也是股价从高位充分回调后，做空量能被大量消耗的位置，在这个位置走出的强势整理，以及股价上涨时的量能支持形态，值得我们进一步对该股进行深度关注。

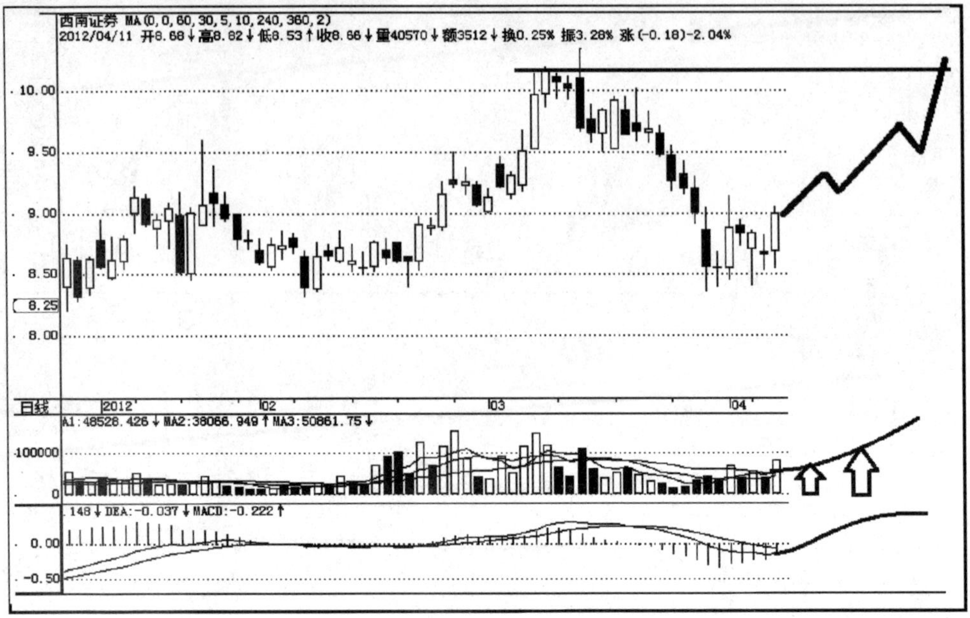

图 3-73

操作策略(一)图 3-73，600369 西南证券(2012 年 4 月 12 日)。

当股价经过充分调整，做空力量有效衰竭后，做多力量只要集中涌现，就会很快地将股价再次推升到一定高度。同时，4 月 12 日的低点位置，属于前期横盘调整的低点，对股价的进一步上涨有一定的支撑效果。

结合当前的量能分析，股价见到相对低点，在这个关键的支撑位置上，每一根拉升的阳线都伴随着成交量的放大。而每一根调整的阴线，其阴线的实体较小，成交量相对萎缩。

综合诸多因素，在这个位置我们可以通过做大概率的操作计划来对该股进行重点关注，寻找盘中值得操作的买点，进行短线快进快出的持股。

同时，在对该股的追踪中，若预期该股有快速拉升的上涨出现，就必须要求该股的后期成交量是健康的，有了健康的量能对该股的上涨进行支持，我们才能在这个位置进行做多的操作。

在盘中，我们需要通过分时等实盘走势，寻找到合适的买点，若买点不能出现就继续观察和等待，若买点出现就可以大胆出击该股。

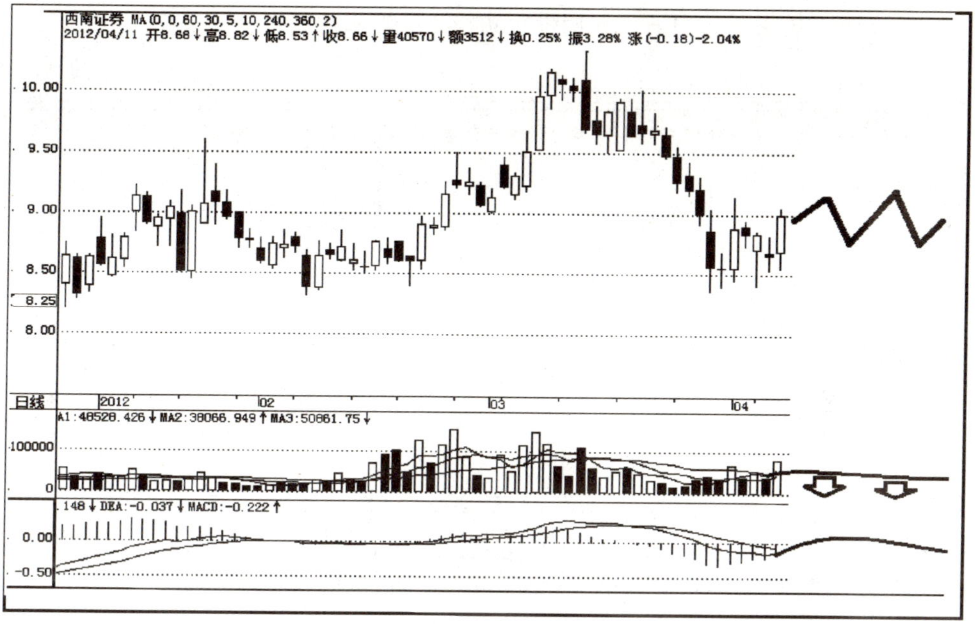

图 3–74

操作策略(二)图 3-74，600369 西南证券(2012 年 4 月 12 日)。

短期止跌，有反抗性的止跌，也有空方力量衰竭后的止跌。当空方杀跌力量衰竭后，若没有做多力量的主动出击，则预期快速上涨也是不现实的。

4 月初的走势是盘中止跌的走势，实盘中，该股表现是否强势，是否有充足的内在上涨动力因素，都有待我们从后市的走势中寻找。

若量能不济，则持续的横盘是一种多空暂时平衡，而没有更多的投资者对该股进行重点关注的表现。若主力资金没有操作动作，市场环境不能给予该股上涨或者下跌的氛围，那么盘中交易清淡，没有了活跃的换手，缩量横盘出现盘面表现呆滞是必然的。

在这种走势下，我们需要对该股进行持续跟踪，横盘时间决定着对该股强弱的初步判断。横盘的时间短，若能再次放量向上攻击，则还有机会选择做多的点位进行做多操作。

若横盘时间较长，无论是上涨还是下跌，则该股的股性显得呆滞，作为超级短线的追随者，最好还是采取放弃的操作策略，从市场中寻找更适合我们进行超级短线操作的股票进行操作。

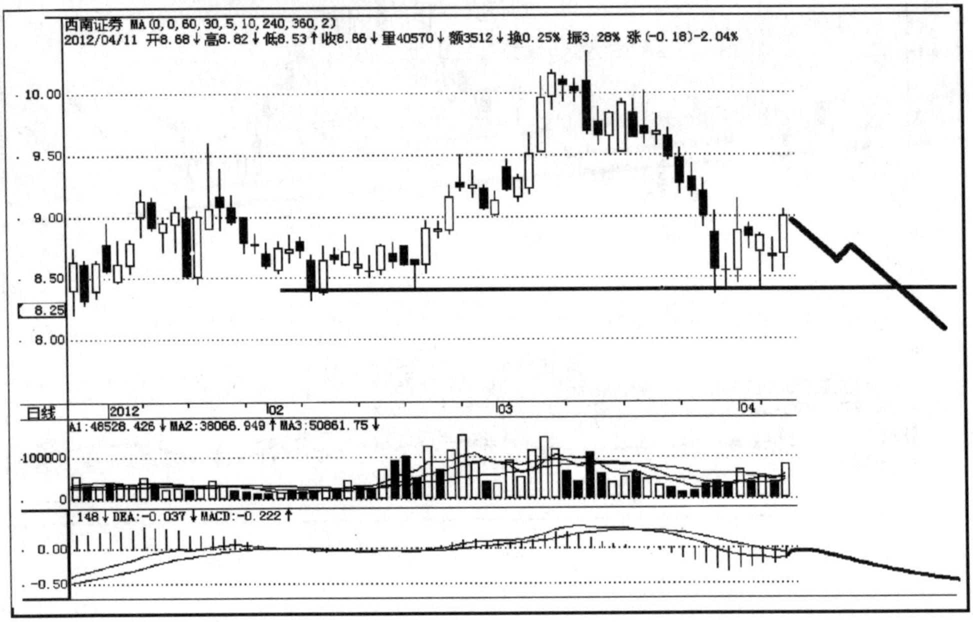

图 3-75

操作策略(三)图 3-75，600369 西南证券(2012 年 4 月 12 日)。

当前位置是一个关键位置，既有前期的重要支撑效应，还有当前的快速下跌后的做空力量衰竭效果。在这个关键位置，盘中又表现出了连续几个放量阳线的强势特征，所以这个位置的支撑效果是比较明显的，是不应该被快速跌破的。

只有这个位置的支撑效果明显，并且内在上涨的动力被有效显现出来，我们在后期才可以对该股进行做多操作。相反，若该位置的支撑效果被毫不留情地快速打破，那么多头就立即宣告了投降，前期我们关注该股的所有因素被有效跌破低点位置的走势，全部化解。

没有了看多的因素，对该股我们就应该采取放弃跟踪的操作策略。

跌破这个重要支撑对量能的要求不是很高，放量跌破和无量跌破都可以，只要股价快速有力地下杀，制造更多的抛压盘出现，就会让该股持续走出下跌走势。

第十六节　600393 东华实业(2012 年 8 月 7 日)

图 3-76

盘面解析图 3-76，600393 东华实业(2012 年 8 月 7 日)。

东华实业经过初期的上涨—拉升—回调—横盘后，在图中第一个圈示位置，快速下跌，有效跌破了前期横盘的重要支撑点位。

在圈示位置的第一根阴线属于一根极具杀伤力的大阴线，该阴线对前期有利于上涨的因素进行了有力打击。随后第二根大阴线低开低走，在市场中形成了恐慌效应，盘中卖出筹码的投资者开始增加，交易相对活跃，下跌量能放大。

按照常规走势，两根有力的大阴线后期伴随持续下跌走势，就如同高速行驶的车辆，其下跌走势在刚刚展开时就这么有力度，理应有一定的延续。

我们观察后期走势，在两根大阴线后股价能够有效保持稳定状态，成交量极度萎缩，交易清淡，杀跌动力不足，走出了长期缩量横盘的走势。

在第二个圈示位置，该股突然放量拉升，走出了放量大阳线的走势。8 月 7 日的大阳线不但有效消化了前期大阴线的压制，还站上了前期横盘的下沿上方。如此走势，是需要我们重点关注和分析的点位。

图 3-77

操作策略(一)图 3-77，600393 东华实业(2012 年 8 月 7 日)。

当看空的不利因素被有效化解后，我们就理应看多，这是做超级短线的一个重要法则。8 月 7 日的拉升阳线，化解了前面缩量下跌的两根大阴线对日 K 线趋势的影响。

面对这种走势，我们可以由前期的观察和谨慎跟进的态度，转变为积极跟进，盘中寻找机会进行短线做多的操作策略。当然，做多要时刻对成交量的变化进行密切跟踪，量能是我们分析和判断后市的一个重要因素，短线的做多，必须要有量能的支持。

当股价在成交量的配合下，延续 8 月 7 日拉升阳线的势头，继续向上攀升，第一步就是有效站上整理平台的高点，然后再突破新高。

在突破新高后，喜欢主动离场的投资者，可以根据实盘走势，选择较为合适的离场点，进行主动离场。也可以采用 5 日均线、BOLL 线指标等作为标尺，对持股进行监控。

能够快速拉升突破新高，并且能够持续保持交易活跃，量能持续稳定的股票，我们不但要在本次操作中实现快速盈利，后期也要对该股进行持续跟踪。

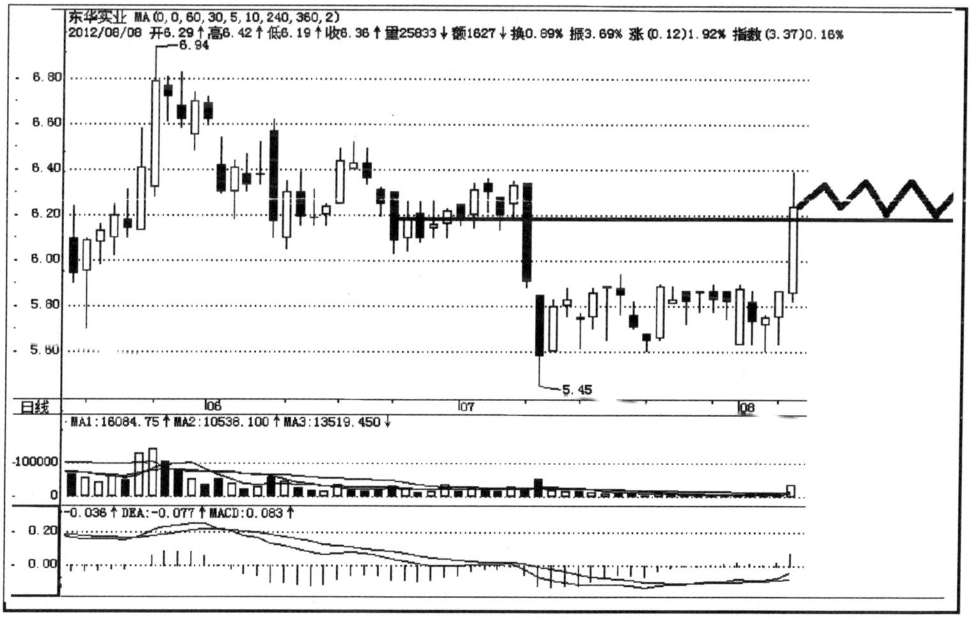

图 3-78

操作策略(二)图 3-78，600393 东华实业(2012 年 8 月 7 日)。

8 月 7 日的放量阳线对做多力量集中消耗，后期若没更多的做多资金主动进场，而投资者又认可当前股价，那么将会走出股价相对稳定、横盘不跌的整理形态。

在这种整理形态中，我们要时刻关注该股的强弱股性。股性较强，后期若量能给予配合，我们则可以寻找机会进场操作。若股性持续走弱，虽然股价能够在该位置持续稳定的横盘整理，但是只要日 K 线形态有走坏的趋势，我们就要放弃对该股的持续跟踪。

横盘整理要在前期平台位置能够站得稳，只有在相对高位站稳的横盘整理，才是对前期下跌趋势的有效化解。横盘的初期，价格波动空间可以稍大，但是随着横盘整理持续的时间增加，我们就要对价格波动的空间加以严格控制。

在长时间的横盘中，我们还要结合其他指标进行辅助分析。通过其他指标的多点共振，汇聚多个综合因素，可以更加有效地判断出个股后期走势，在操作上也能大大地提高成功率。

实盘操作中，我们主张投资者采用一个自己比较信服和熟练掌握的操作模式。但是，一个模式或一个指标处在平衡状态，不能、对我们的操作确定方向的时候，我们就需要在其他指标的辅助配合下，指导接下来的操作。

图 3–79

操作策略(三)图 3-79，600393 东华实业(2012 年 8 月 7 日)。

8 月 7 日的上涨，对做多的量能是一种消耗，后期股价要想进一步向上拓展空间，必须要有依然活跃的交易量保障。若量能不济，随后在这个相对高度量能快速萎缩，那么，股价整理和下跌将顺理成章。

在这个位置，我们允许股价调整和下跌，但是调整和下跌的幅度不能太大，时间不能太长。8 月 7 日的大阳线，有效站上了前期整理平台的下沿，我们依据 8 月 7 日大阳线所处的位置以及形态，要求若股价缩量调整，则调整的时间不能大于 10 个交易日，幅度不能低于大阳线的一半。

当股价进行短暂缩量回调后，再次受到支撑效应，快速放量向上拉升。量能在盘中对股价形成上涨助力，只要实盘中分时符合我们操作的要求，我们就可以大胆地进行买进操作。买进后，只要量能支持上涨，股价动力充足，我们就可以持续地进行持股。

在股票上涨期间，我们允许股价有短暂的中继调整，但是对调整的性质我们要认真地定性，只有符合我们操作模式的调整，才是良性的。对于良性调整，我们可以对其进行持续跟踪，甚至可以从中寻找做多的机会，进行短线主动布局的操作。

操作策略(四)图 3-80，600393 东华实业(2012 年 8 月 7 日)。

对于下跌反抗性质的阳线，随之而来的就是快速下跌。当 8 月 7 日出现大阳线时，对盘面特征有了很大改善，若在随后盘中立即出现快速下跌，对 8 月 7 日这根大阳线充分进行消化，那么，这个大阳线就是一根反抗性质的大阳线。

在下跌过程中的反抗只能起到暂时止跌的作用，多头主动的反抗后，多方量能敌不过空头的抛压，随之而来的是多头买入资金被盘中的抛压通通吃掉。

我们以前讲过，当做多因素消失的时候，我们就要主动离场。同样，在我们对该股有利因素消失的时候，我们就要放弃对该股的跟踪。当前，之所以看好该股，将该股放入我们的重点关注对象中，是因为快速下跌后能够立即止跌的横盘和 8 月 7 日大阳线的快速放量上涨。

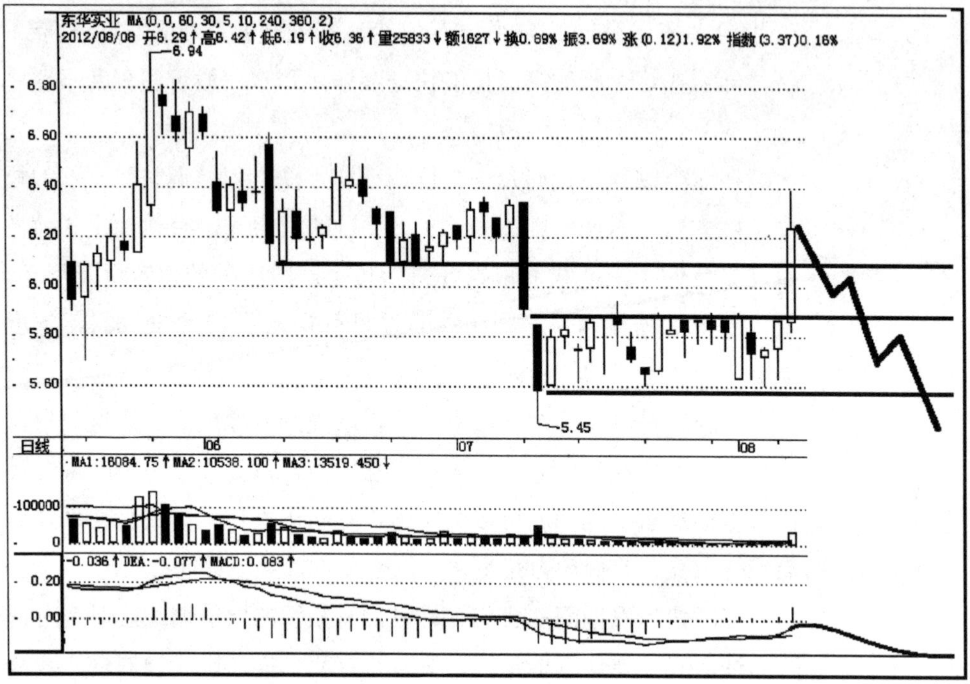

图 3-80

若后期这些因素被随之而来的快速下跌消化掉，那么我们关注该股的理由就全部消失，所以依照我们的操作习惯，理应对该股放弃跟踪。

从该股 K 线所处的位置分析，图中我们将三条重要的支撑位置用横线的方式标注了出来，每一条支撑都是一个重要关口。每一次下破支撑的形式都值得我们观察和分析，破的支撑越多，该股的股性越弱，当最后一道防线被打破时，我们将对该股彻底放弃。

第十七节　600403 欣网视讯(2012 年 2 月 3 日)

盘面解析图 3-81，600403 欣网视讯(2012 年 2 月 3 日)。

该股在 2011 年 11 月底有效跌破 5 日、10 日均线后，沿着均线走出了持续下跌的走势。在下跌过程中，成交量持续萎缩，下跌后始终受制于10日均线的压制。

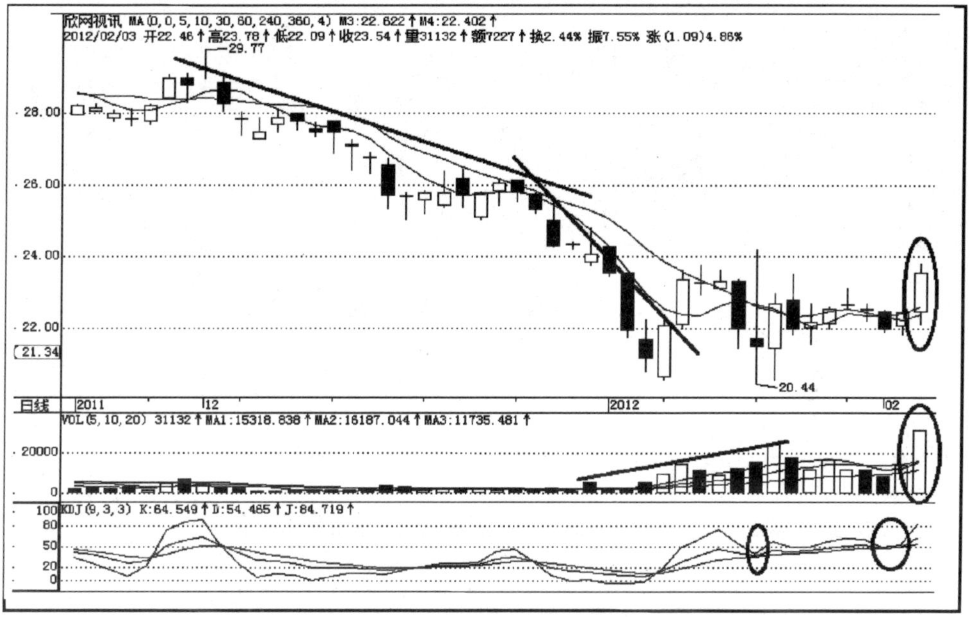

图 3–81

我们可以把这波下跌分为两个阶段，第一阶段为初跌期，下跌速度较缓，日K线时常还向上触摸10日均线。

第二阶段为加速下跌期，股价快速下跌，成交量有所放大，下跌的动力和速度都有逐步增加的势头。

在2012年年初，该股两根大阳线终止了下跌趋势。止跌后的股价展开了横盘整理走势，在横盘区间，成交量继续放大，盘中交易趋于活跃。但是在整个横盘期间，股价依然受制于10日均线的压制，没有有效站上10日均线。

在临近2月期间，该股的调整接近尾声，其特征是成交量从放大开始变为缩量。缩量后的量能，盘中交易开始变得相对不活跃。此时的KDJ指标从前期的下跌，修正为逐步向上。

在2月3日，股价放量向上突破，将10日均线稳稳地踩在脚下，同时 KDJ 指标三条线从聚拢向发散发展。

此时，按照我们以前介绍过的操作模式，可以进行买入操作。同时，我们也要结合实盘变化，制定详细的操盘策略。

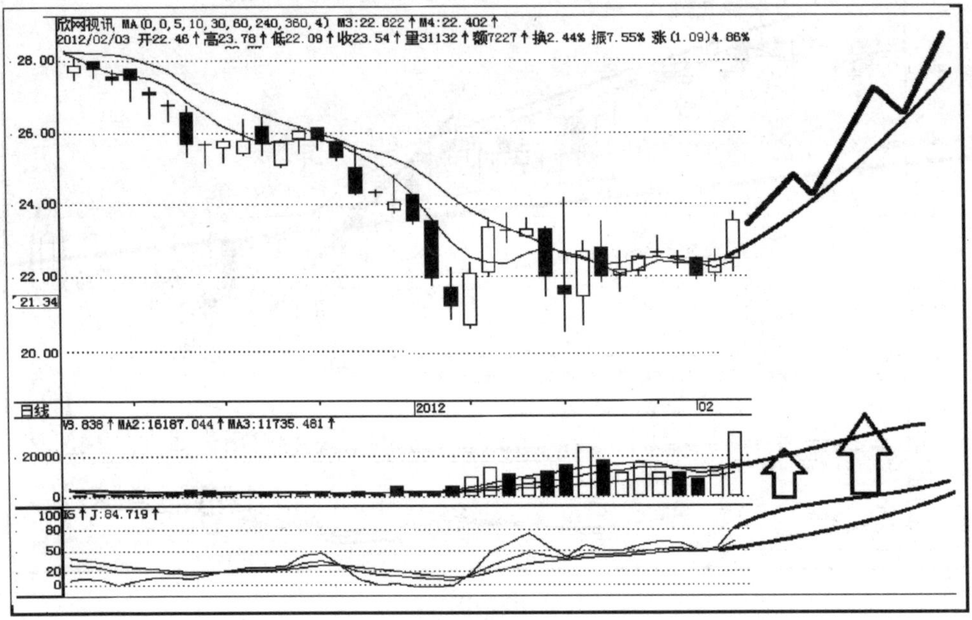

图 3-82

操作策略(一)图 3-82，600403 欣网视讯(2012 年 2 月 3 日)。

按照我们掌握的可操作模式，2 月 3 日 K 线所在的位置以及形态都支持我们买进该股。同时，股价的量能有所放大，KDJ 指标也趋向好的方向发展。

在这种模式下，按照大概率事件，后期只要有相对合适的量能配合，股价持续向上推高的概率极大，属于短线操作中一种比较好的买点位置。所以，在实盘操作中，我们要紧跟分时走势，通过盘中把握准确的买入点，来提高短线买入的成功率。

买入后，我们紧跟成交量的变化，成交量不能出现怪异的放大和缩量，要保持相对稳定状态。同时，对后期走势的强弱进行跟踪，只要股性表现较强，就可以持续跟踪持股。

日均线和 KDJ 指标也是我们是否继续持股的一个标尺，若上涨力度较大，5 日均线只要不破，就可以进行持股待涨。若上涨力度较缓，10 日均线就可以作为标尺，在 10 均线上方运行的，都是健康的。

在股价的上涨牵动下，KDJ 指标会持续向上攀升，只要 KDJ 指标能够保持向上攀升的态势，也是我们坚定持股信心的一个重要因素。

对于喜欢采取主动离场的投资者，需要对前期高点进行重点关注。当股价触摸到前期高点附近时，对盘中股性的强弱进行准确定性，只要盘中股性显弱，或者出现放量滞涨的走势，就一定要坚定地主动离场。

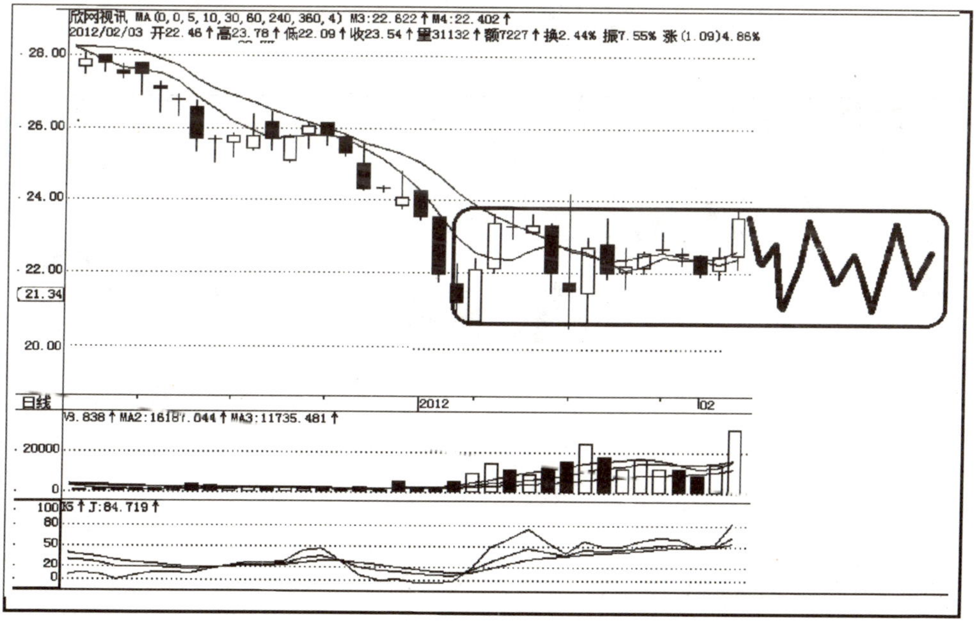

图 3-83

操作策略(二)图 3-83，600403 欣网视讯(2012 年 2 月 3 日)。

单日的突破，若后期不能有充足的量能支持，则会延续这种横盘走势。单日的快速放量上涨，消耗掉一定的做多资金，资金不能及时跟上，股价将会继续延续横盘走势。

当股价继续横盘时，我们只能对该股进行持续跟踪观察，跟踪观察一是观察该股的股性强弱，二是观察该股的量能变化，三是判断该股未来向上或向下突破的性质。

横盘时间越长，对后期的上涨预期越不利，横盘时间将会与后期向上突破的可靠性成反比。

横盘时间越长，将会让该股更趋于下跌走势。处在长期下跌通道的股票，在股价止跌后，继续保持横盘走势，其初期是一种正常的换手横盘。若持续横盘不涨，则是股性显弱的表现。

长时间横盘后，若股价再次下跌，那么下跌的准确度将会提高。若下跌破位调整区间的走势一旦形成，则要放弃对该股的所有买入计划，等待下一次走势有效消耗掉当前不利因素后，才可以再次对该股进行重新跟踪。

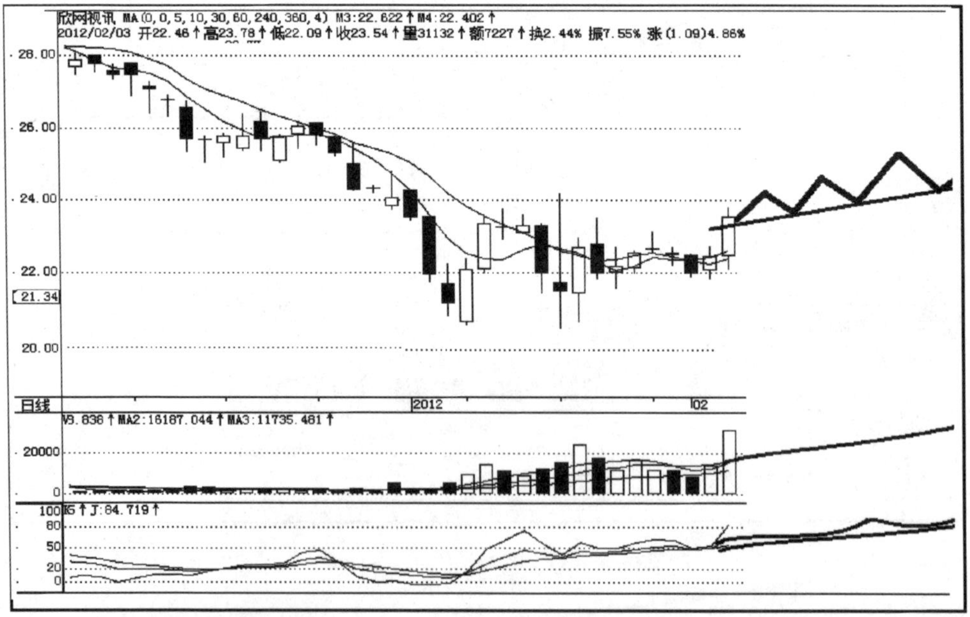

图 3-84

操作策略(三)图 3-84，600403 欣网视讯(2012 年 2 月 3 日)。

2 月 3 日大阳线后的上涨走势有快速上涨和缓慢上涨两种模式。

快速上涨的力度短期比较吸引人，也适合短线操作，但持续性可能会很差。而缓慢上涨，则是该股进一步蓄势，后期将会有更多的操作机会的一种走势。

当股价在 2 月 3 日大阳线后，慢慢向上拓展空间时，我们要对该股进行持续跟踪观察。也可以在后期走势中寻找较好的机会，若时机成熟，则可以日常进行短线持股操作。

缓慢地向上推升，需要量能的稳定，稳定的量能是股价稳定的重要支柱，若量能不能保持相对稳定状态，那么缓慢推升的可靠性将降低。

在股价向上推高一定空间后，此时的 KDJ 指标将会处在高位状态，随后股价快速下跌对 KDJ 指标进行修正，调整出空间为下一步的上涨蓄势。

此时，只要量能比较完美，同时通过分时走势及实盘中对该股的后期研判支持买入，我们就可以在下跌到一定幅度时，对日 K 线位置进行判断，找到契合点，进行短线主动布局的操作。

主动布局后，一定要做好止损离场的计划，有了止损价的保护，才能让每一次操作更安全。

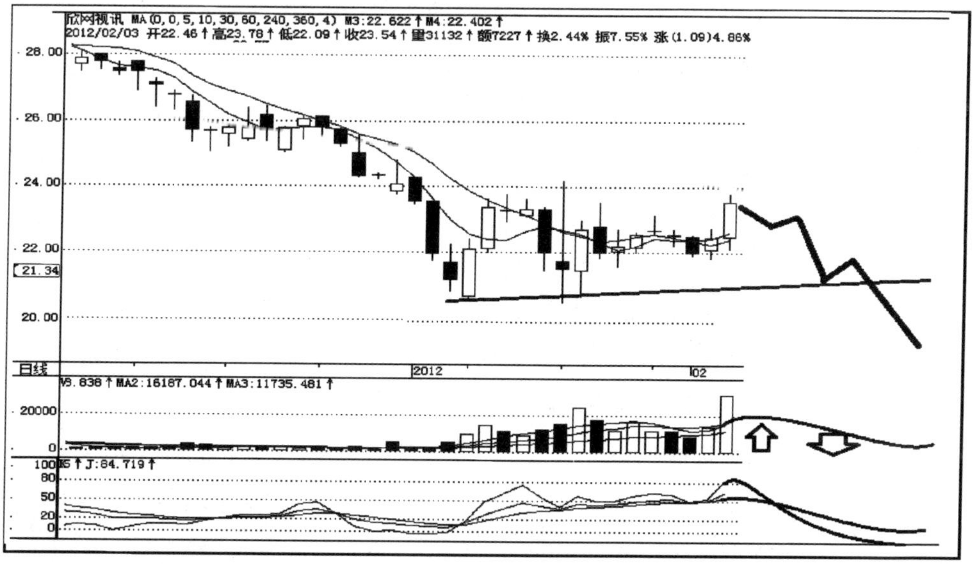

图 3–85

操作策略(四)图 3-85，600403 欣网视讯(2012 年 2 月 3 日)。

在反抗性质下跌阳线的面前，接下来伴随的往往是快速地下跌，打破大家都看好的标志性阳线。

2 月 3 日的阳线是一根能够引起我们重点关注、盘面特征合适就会出击买进的重要 K 线。这个位置是我们看多的一个重要因素，所以该位置不能被快速消化。

若随后的交易日中，股价快速下跌吃掉这根阳线，接下来股价持续下跌，打破横盘整理的支撑位置，那么该股将会进行再一轮的杀跌走势。又一波的杀跌展开时，作为短线投资者，一定要远离该股。

在股价向下杀跌时，KDJ 指标也将拐头向下。只要 KDJ 指标三线向下发散，我们就暂时不对该股进行买进。

当股价破位的时候，2012 年初的这波横盘调整将会成为下跌过程中的一次反抗性质的整理。横盘期间活跃的成交量促进了大量投资者在这里进行了换手，此处的量能堆积，将会对后期股价的上涨起到一定的制约作用。

第十八节　600405 动力源(2012 年 5 月 11 日)

盘面解析图 3-86，600405 动力源(2012 年 5 月 11 日)。

在 2011 年底，动力源触及 5.61 元底部后，连续 4 根阳线逐步放量拉升，将股价推升到了 5 日、10 日均线的上方。随后股价围绕 5 日、10 日均线展开了近一个月的收敛三角形的整理。

经过横盘整理后，该股缓步攀升，然后在 7～7.5 元进行了再次横盘整理。横盘整理延续到 4 月初，整理期间成交量相对前期保持温和放大，同时阳线上涨有量能的支持。

在两次回踩下沿横盘整理后，动力源开始向上拓展空间，上涨得到了量能的再一次放大支持。股价创出阶段新高，触摸 8.95 元的高度。在触摸 8.95 元当日，该股高开放量收出了一根有较长上影线的阴线。

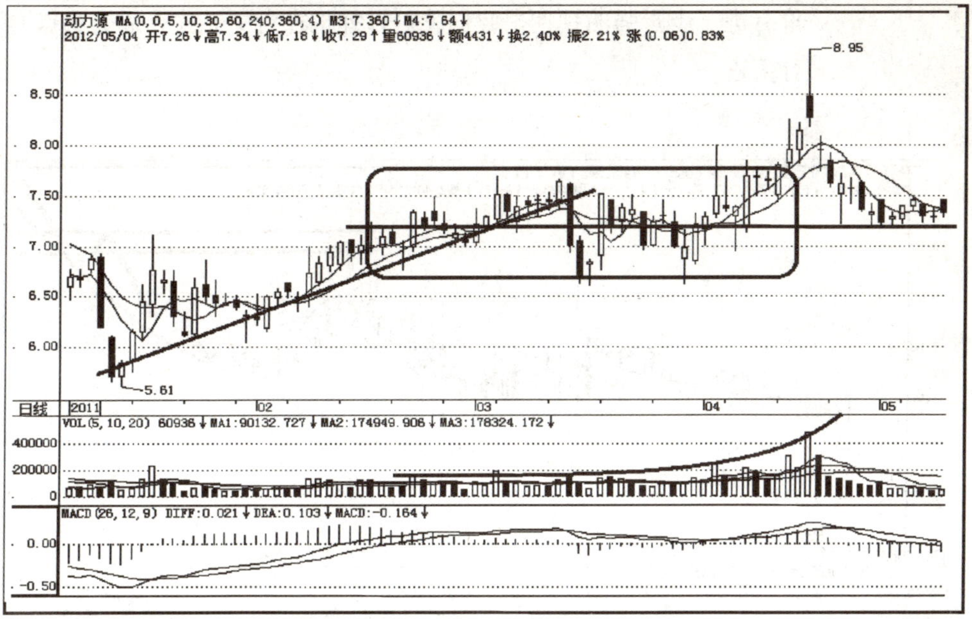

图 3-86

放量滞涨后的连续几个交易日，动力源早盘直接低开低走，成交量相对逐步萎缩。连续几个交易日的杀跌，再次将股价打回到前期整理平台区间。

随后在前期整理区间位置，该股止跌横盘，成交量持续萎缩。5 月 11 日，5 日、10 日均线黏合，股价向上突破两线，使得两线交叉。同时 MACD 指标处在关键位置，即将与 0 轴相遇。在这个关键位置，该股下一步的涨跌，将直接影响到后期走势，需要我们重点关注。

操作策略(一)图 3-87，600405 动力源(2012 年 5 月 11 日)。

5 月 11 日的位置既是具有支撑的关键位置，也是决定该股强弱的生死位置。在这个位置上，股价向上则有进一步走强的可能，向下则有宣告弱势的意义。若后期能够在量能的配合下，向上拓展空间，则该股的上涨值得我们进行短线操作。

当股价借助 5 月 11 日两线向上金叉的效应，沿着 5 日、10 日均线向上拓展空间，同时成交量持续放大，盘中分时表现强劲，股价有进一步走强的预期，我们就可以择机在盘中寻找合适的买点进行买进。

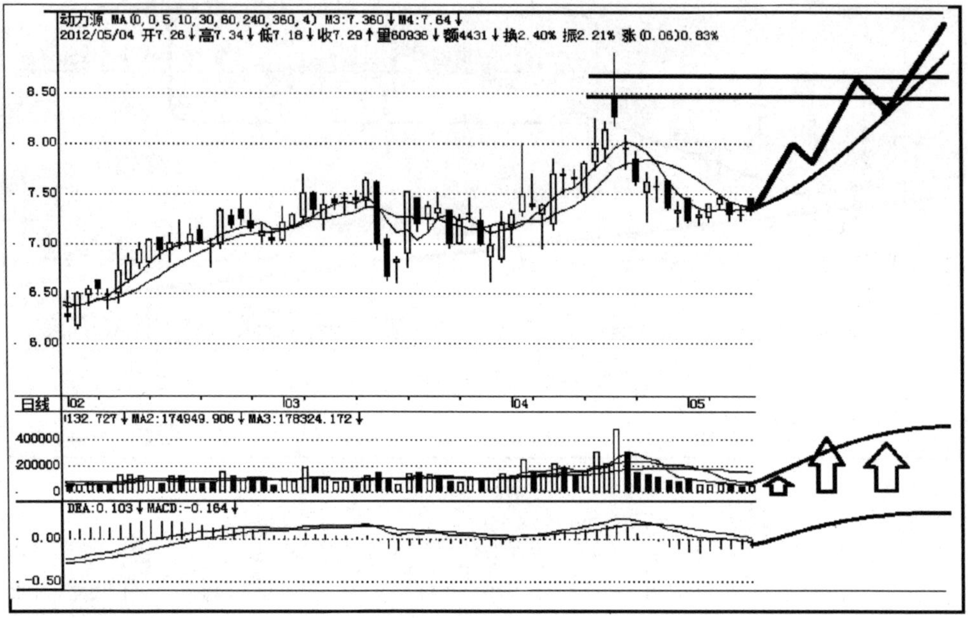

图 3-87

买进后，只要股价能够沿着均价线向上拓展，成交量完美配合，同时通过盘中的实时跟踪，符合强势特征的要求，形成强势推升主升浪行情的走势时，就可以大胆持股。

在前期高点放量阴线位置，是我们主动离场的观察点。首先在该位置，需要对该股的走势进行重点跟踪。其次，动力源要想持续走强，推升出主升波段，就要有效消化掉这根放量阴线。

在这个放量阴线的位置，若股价放量滞涨，我们就要主动离场。离场后，股价再次创出新高，只要其他因素支持买进，我们可以进行二次布局。

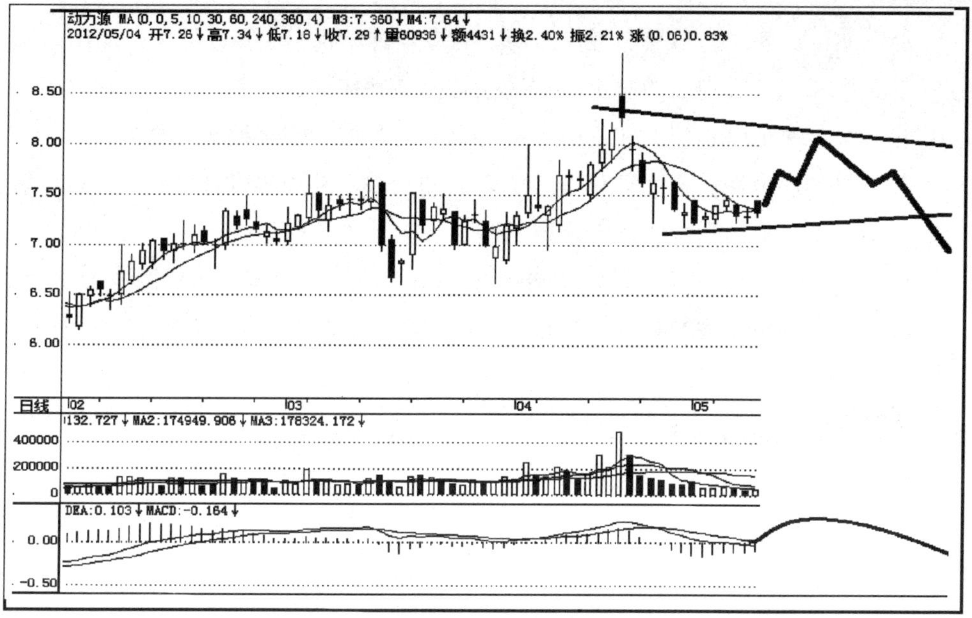

图 3–88

操作策略(二)图 3-88，600405 动力源(2012 年 5 月 11 日)。

上涨分为主升浪的上涨和反弹性质的上涨。若第一波的快速拉升没能将全部做多力量消化，那么在当前位置，空头力量消化后的横盘整理区间，股价得到支撑后展开一波反弹行情则是情理之中的。

反弹与上涨的性质有很大区别，上涨的走势是主动的，盘中能够看到主动的做多资金快速进入。而反弹的行情是被动的，上涨是因为做空力量的衰竭而引发了多方力量暂时强势。

在反弹行情来临时，成交量往往不能形成持续放大的走势。作为短线投资者，反弹虽然也可以进行操作，但是，获利预期不能太高，而且要谨慎持股，尽早离场。

当股价向上反弹，若盘中能够把握住较为合适的买点，同时对大盘预期较好，那么就可以建仓。

面对反弹的建仓，我们的获利预期一定要低于前期高点，在股价即将面临压力之前，根据盘面的强弱特性，提前离场。MACD 指标在反弹中，只要出现停滞向上的步伐时，我们就要进行卖出操作。

反弹后的股价，往往在触摸到潜在的压力价格后，再次展开快速下跌走势。在下跌中，前期的支撑位置都会被轻易打破。二次下跌是经过再次消化做多资金后的下跌，其跌势也将会比上次的下跌更加凶猛，所以必须要回避。

在下跌中，MACD 指标会同步下行，当 MACD 指标跌破 0 轴时，该股将成为一只弱势股票，我们要对该股放弃任何做多的操作计划。

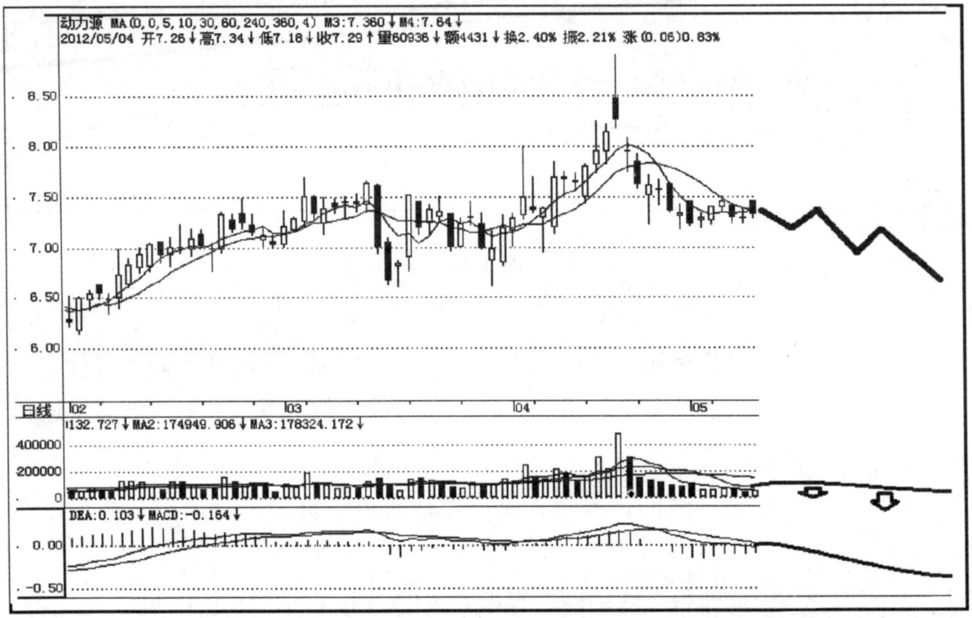

图 3-89

操作策略(三)图 3-89，600405 动力源(2012 年 5 月 11 日)。

在前期见到 8.95 元的高点后，动力源就展开了下跌走势。而在下跌中，量能持续萎缩，若量能进一步萎缩，没有做多资金的主动进场，那么当前的支撑位置也会失效。

在做多资金和做空资金形成平衡后，趋势将会延续，市场对该股的关注度下降，次日若大盘环境不好，后期没有良好的大环境支持，那么阴跌不止的行情将会让该种走势的下跌时间更长。

在没有形成良好的上涨趋势时，就形成了连续地缓慢阴跌，则该股将进入另一轮大级别的下降趋势。前期的横盘和上涨，只能理解为大趋势中的反抗行情。这种反抗行情若出现在大盘同步上涨期间，那么其准确度和可靠性更高。

在股价出现连续地缓慢下跌中，成交量不能够有效放大，MACD指标向下继续拓展空间，持续在0轴下方运行。MACD指标不走好，股价的持续阴跌将难以终止。

MACD指标出现背离或者上穿0轴以后，才是我们对该股再次进行关注的时候。其他状况，我们将对持续阴跌的走势放弃跟踪。

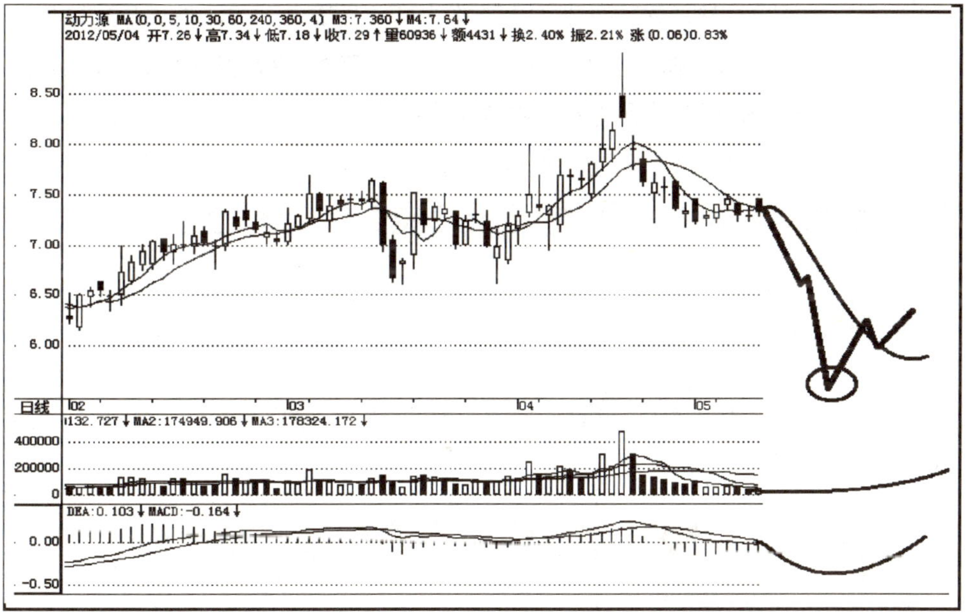

图 3-90

操作策略(四)图 3-90，600405 动力源(2012年5月11日)。

主升浪的上涨与反弹的上涨性质不同，同样缓慢的阴跌与快速的杀跌性质也将不同，其应对的操作策略也有差异。

股价在见到8.95元高点后，连续几个交易日的快速下跌将股价打落到了前期整理平台位置受到支撑。若支撑失效，在股价没有形成反弹时，就再次被做空力量快速压制，股价再次快速下跌形成无量空跌的走势。

第一波下跌是做多力量不敌做空力量的博弈下跌，而第二波下跌，若势头强劲，力度、速度以及幅度都比较大，则属于对做空力量集中消耗的下跌。在此次下跌的后期，往往会形成一种超乎寻常的无量空跌走势，或者出现做空力量恐慌性集中释放的放量快跌的走势。

当股价跌到一定程度后，在实盘中，我们通过逐笔交易可以寻找到其中的蛛丝马迹。快速的空头集中宣泄后，盘面一旦企稳，将会迎来一波快速反弹的修复行情走势。

当然，在实盘操作中，作为短线投资者，若能把握住这波快速的反弹，则收益也将不菲。但是，下降中把握这种快速反弹的难度较大，没有十足把握时要谨慎出手。

第十九节 600410 华胜天成(2012 年 2 月 2 日)

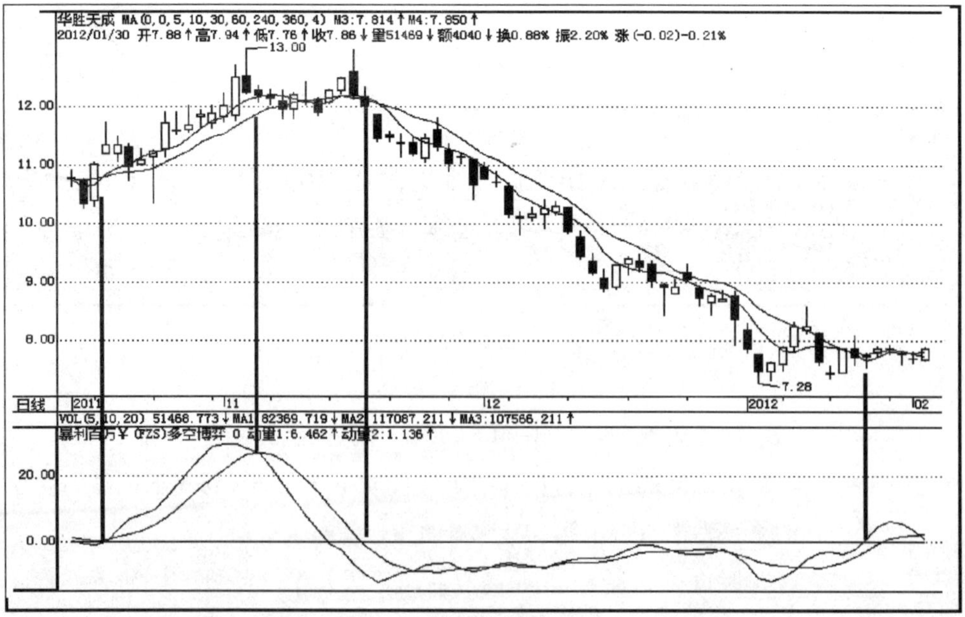

图 3-91

盘面解析图 3-91，600410 华胜天成(2012 年 2 月 2 日)。

华胜天成在图示中的初期，以一根有力的阳线站上了 5 日、10 日均线的上方，同时，多空博弈指标线也站到了 0 轴的上方。

在随后的走势中，股价保持在 5 日、10 日均线上方运行，多空博弈指标线向上攀升，动量 1 线在动量 2 线的上方，对股价的上涨起到助涨作用。

11 月初，当股价还在持续上涨时，动量 1 线首先滞涨随后拐头向下，随后又与动量 2 线交叉，动量 2 线也开始拐头向下。

我们知道，股价的上涨和下跌是由多空博弈造成的，我们所使用的多空博弈指标线，可以从本质上揭露市场中多方和空方力量的强弱。虽然股价上涨，但是空方力量已经开始大于多方力量，后期的下跌将会出现。

在 11 月上旬，虽然股价维持横盘的走势，但是多空博弈指标线开始走出向下的趋势，实盘中，只要多空博弈指标 2 号线拐头向下，空头力量就开始转强，我们要主动提前离场。

当多空博弈指标线跌破 0 轴时，市场就处在完全的空头强势中，空头力量完全占了上风，股价将持续下跌，直到多空博弈指标线再次站上 0 轴以后我们才可以对该股进行关注。

我们可以将华胜天成的走势分成三个阶段，第一阶段，多空博弈指标线站上 0 轴，股价上涨的做多阶段。第二阶段，股价上涨转横盘，而多空博弈指标线开始滞涨且下跌，短线需要主动离场的转势阶段。第三阶段为多空博弈指标线跌破 0 轴，股价随后持续下跌的下跌阶段。

2012 年初期，股价在触及 7.28 元底部后，走出了横盘整理的形态。在这个位置，是否能够形成上涨走势，我们通过多空博弈指标线就可以找到答案。

虽然股价横盘，但是多空博弈指标线在横盘期间已经站到了 0 轴的上方，所以我们在该位置有理由对该股进行重点关注。

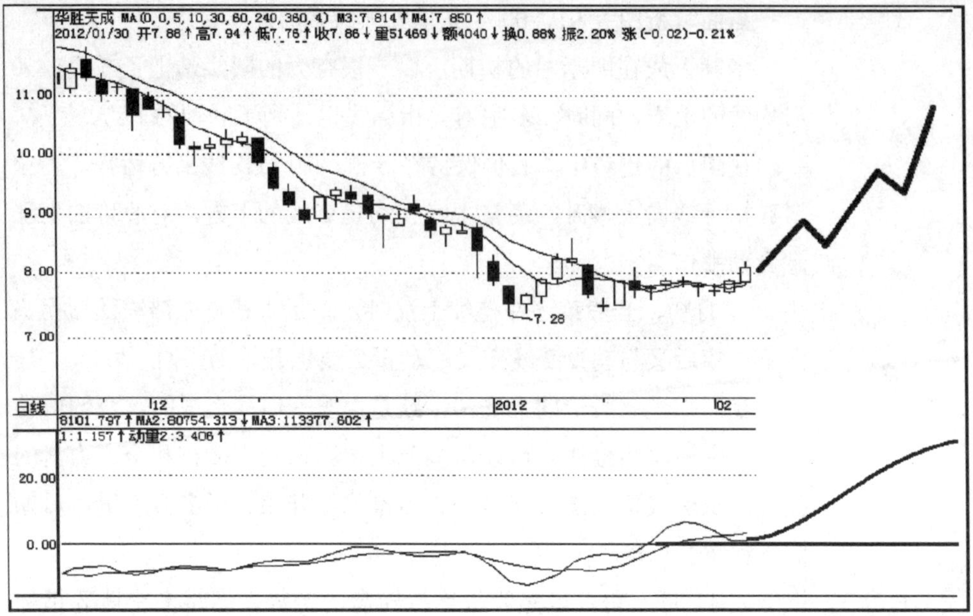

图 3-92

操作策略(一)图 3-92，600410 华胜天成(2012 年 2 月 2 日)。

依照多空博弈指标线的语言，指标线从 0 轴的下方突破 0 轴向上走时，代表着盘中的做多力量正在积蓄，做多的动量已经大于做空的动量，下一步股价将会出现上涨的走势。

多空博弈指标线在设计之初已经考虑到了成交量的变化，所以我们可以完全依靠多空博弈指标线来对后市进行操作指导。

在 2 月 2 日的位置，股价向上拉升突破了 5 日、10 日均线，同时多空博弈指标线给我们的信号是做多的势头强于做空的力量。所以，只要实盘中通过对分时的准确把握，能够找到较为理想的买点，我们就可以对该股进行买进操作。

买进后股价依照预期分析，将会出现快速地拉升走势。在上涨中，需要我们对盘中资金博弈的强弱来进行分析判断，多空力量谁占上风，我们就跟随谁的方向进行买卖操作。超级短线操作就如同墙头草，谁强我们就跟谁站到一个队伍里。

对多空博弈的强弱判断不需要太复杂，只要紧跟多空博弈指标线就可以了。多空博弈指标线保持向上我们就可以安心持股，动量1号线是快速线，它若拐头向下，我们要警惕，当2号线开始拐头时，我们则要择机离场。

图 3-93

操作策略(二)图 3-93，600410 华胜天成(2012 年 2 月 2 日)。

股票的日 K 线有时会出现假象，多空博弈指标线反映市场内资金博弈的真实表现，我们通过多空博弈指标可以看到股价涨跌的内在因素，突破假象看到真实的波动。

在下跌过程中，我们经常会遇到下跌中继调整走势。股价跌到一定程度后，停止下跌，形成横盘或者稍稍向上抬头走高的行情。在这种走势中，我们很难在短期看出止跌的真实性，对后期的上涨预期也不会很准确。

此时，若借助多空博弈指标进行分析就简单得多。当股价横盘，或者向上缓慢走高时，而多空博弈指标不能在 0 轴上方向上运行，反而与股价的方向相反向下跌破了 0 轴，那么我们就要对此次的调整抱怀疑态度，股价接下来展开下跌的概率极大。

我们知道，多空博弈指标是从本质上分析出多空双方的博弈力量，股价虽然上涨，但是多空博弈指标向下运行，跌破 0 轴形成背离。当两条动量线都处在 0 轴下方时，市场中空方的做空力量将大于多方的做多力量，空方力量强势，那么随之而来的自然是快速下跌。

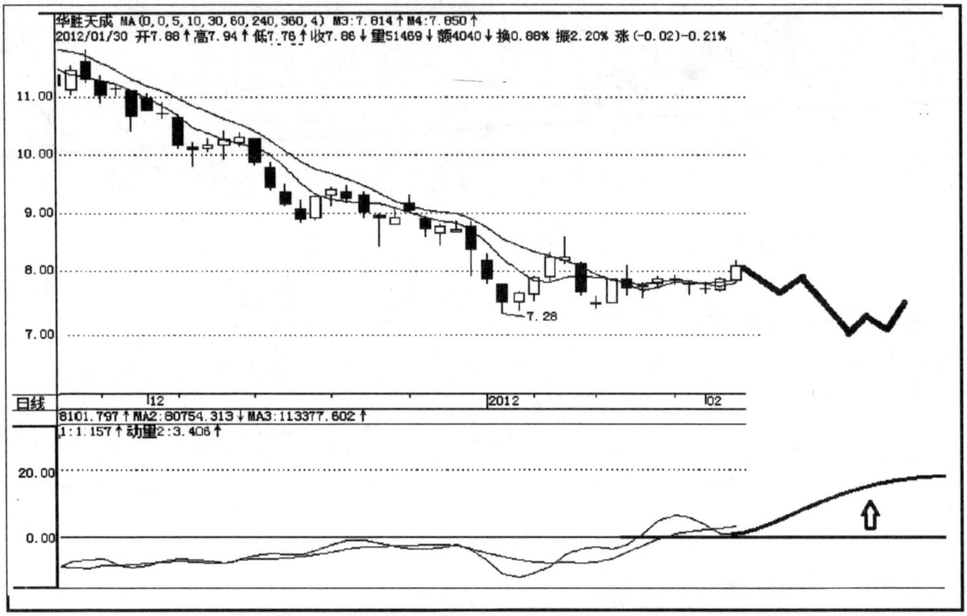

图 3–94

操作策略(三)图 3-94，600410 华胜天成(2012 年 2 月 2 日)。

2 月 2 日股价已经站上了 5 日、10 日均线，同时多空博弈指标有效站上 0 轴，此时我们有理由相信多方力量大于空方力量，下一步股价将会向上拉升。

但是，实盘走势千变万化，有时候盘中大资金人为操作，尤其是在小盘股票上可以做出障人眼目的走势。当实盘中股价快速下跌，再次跌破 5 日、10 日均线，同时跌破前期低点时，大多数投资者将会卖出手中的股票。

在实际操作中，我们可以通过成交量的变化，并且结合股票 K

线所处的位置和形态，来判断出股价涨跌的本质特性。我们有了多空博弈指标，对盘中资金强弱的判断将变得更加简单，对股性的把握将会更加准确。

股价下跌，我们只需要看看已经站上 0 轴的多空博弈指标，只要两条动量线不跌破 0 轴，其下跌就是假下跌。若在下跌过程中，多空博弈指标不但不随之下跌，反而走出了背离的走势，向上拉升拓展空间，那么，我们就要对该股进行重点跟踪，盘中只要出现止跌现象，我们就可以大胆地买进该股。

图 3-95

操作策略(四)图 3-95，600410 华胜天成(2012 年 2 月 2 日)。

股价的上涨在多空博弈指标的支持下可以继续上涨，而股价的下跌，若得到了多空博弈指标的支持，则会持续下跌。

2 月 2 日后，若股价没有向我们预期的方向发展，而是掉头向下跌破了 5 日、10 日均线，同时快速向下拓展空间，则我们首先要对多空博弈指标进行观察，看多空博弈指标是否也显示空头强势。

若多空博弈指标也随着股价的下跌而跌破0轴，那么此次下跌就是真实的。当多空博弈指标跌破0轴即代表空方力量大于多方力量，股价的下跌有效。只要多空博弈指标在0轴的下方运行，做多的资金就始终不能有效抵挡做空的力量。

在0轴下方，两条动量线的运行方向代表了多空力量的悬殊程度。向下运行，则差距越来越大，向上运行，则差距减少。只有在向上突破0轴以后，做多资金才会占上风。

所以，在出现股价下跌，多空博弈指标在0轴下方运行的走势，我们一定要放弃对当前股票的任何买入操作计划，静等多空博弈指标有效站上0轴以后，再择机操作。

第二十节　600510黑牡丹(2012年5月21日)

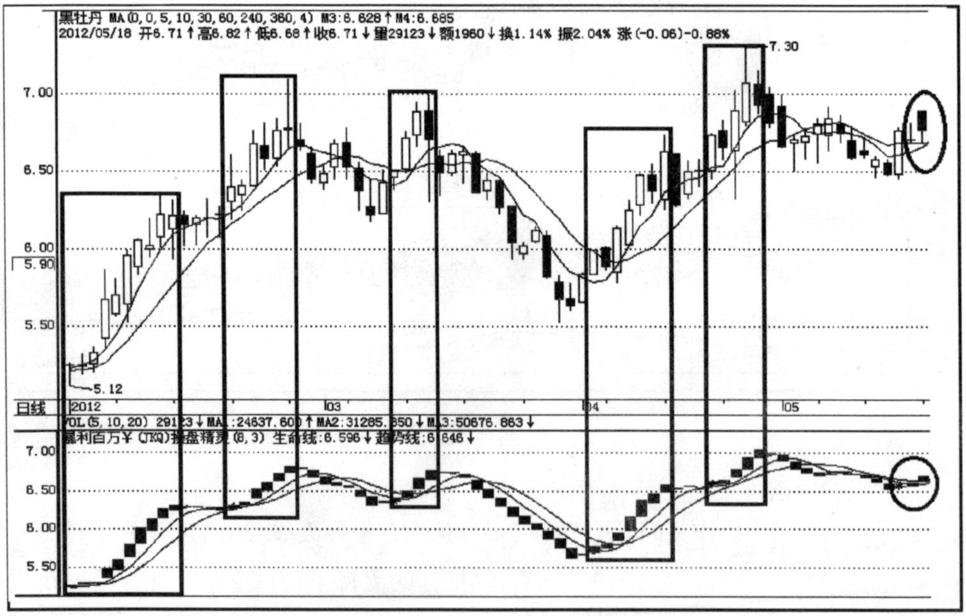

图3-96

盘面解析图3-96，600510黑牡丹(2012年5月21日)。

操盘精灵指标是笔者开发的一款对短线下一个交易日涨跌预期的指标。该指标通过K线实体、生命线和趋势线，通过对成交量、买卖放量力度、盘中资金博弈动向等因素的综合计算，得出股价下一个交易日的涨跌力度及趋势运行方向。

在实盘操作中，我们可以紧跟该指标的涨跌方向，来对股票进行短线涨跌的买卖分析。我们可以通过图中黑牡丹的走势，对该指标有一个大体的认识。

图中初期，短线精灵指标向上运行，指标的K线实体在生命线和趋势线的上方，K线实体也逐步放大，股价便随着指标的预期而向上拉升。在拉升到一定高度后，短线精灵指标的K线实体开始缩小，股价随之调整。

我们只要把握住每一次短线精灵指标K线实体站上生命线和趋势线的位置，在形成向上攻击的时候买进，在短线精灵指标K线实体缩小的时候主动离场，就可以把握住该股几乎所有的短线机会。

在最后4月26日的圈示位置，也是我们对该股重点观察的位置。该股的短线精灵指标K线实体反转变色，同时有效站到了生命线和趋势线的上方，预示着股价将会展开上涨。

同时，该股的日K线也有效突破了5日、10日均线，并且在两线上方有效站稳。通过操盘精灵指标的语言信息，和我们对日K线的形态和位置进行判断，该位置是一个值得我们重点关注和进行短线买进操作的位置。

操作策略(一)图3-97，600510黑牡丹(2012年5月21日)。

4月26日，黑牡丹虽然收出了一根高开低走的阴线，但是股价依然牢牢地站稳在了5日、10日均线的上方。同时，在这一天，操盘精灵指标有效站到了生命线和趋势线的上方。生命线和趋势线均有拐头向上的趋势。

按照操盘精灵的语言内容，该股后期短线将会形成上涨的走势。当操盘精灵的K线实体转势向上时，我们可以重点跟踪寻找机会进行买进操作，当操盘精灵的K线实体站到两线之上，我们可以寻找机会大胆买进。此位置属于日K线位置和形态都支持的大胆买进点位，买进后，后期短线形成上涨的概率极大，所以应该采取买进的操作策略。

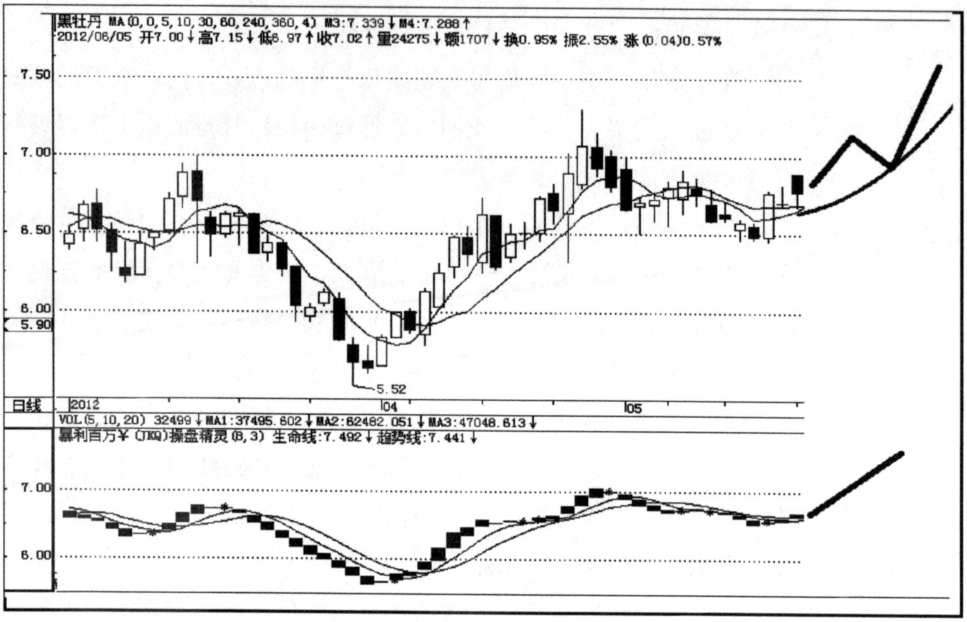

图 3–97

在买进股票后，只要股价能够延续 5 日、10 均线上方的持续上涨，同时，操盘精灵指标向上拓展空间，生命线和趋势线能够保持向上的趋势，我们就可以大胆持股。

在操盘精灵指标 K 线实体快速缩小时，若获利丰厚，则可采取主动离场的操作方式。当跌破生命线，就必须离场。若在两线下方运行，同时生命线和趋势线都拐头向下时，则放弃对该股的持续跟踪和观察。

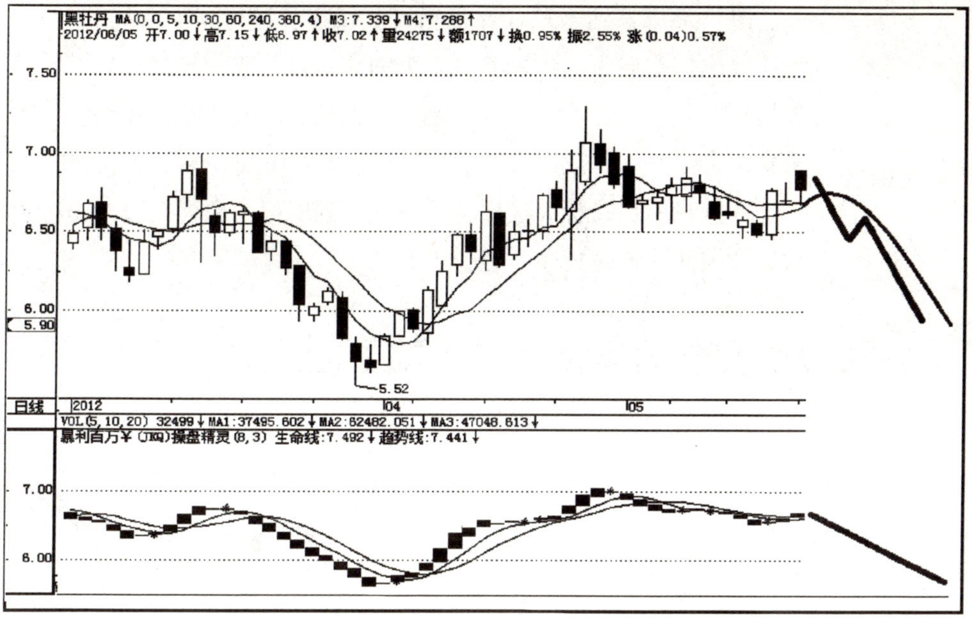

图 3-98

操作策略(二)图 3-98，600510 黑牡丹(2012 年 5 月 21 日)。

操盘精灵 K 线实体在生命线和趋势线的上下方，代表着短期能否做多和做空。操盘精灵 K 线实体的大小，代表着上涨或下跌后续力量的大小。

操盘精灵 K 线实体越大，下一个交易日该股上涨的动力将越足，实体逐步减少，甚至变成了一字形，则下一个交易日上涨或下跌的动力将越弱。

当我们在 2 月 26 日对该股进行重点关注，甚至买入后，若后期操盘精灵指标快速向下跌破生命线和趋势线，那么我们就要立即放弃对该股的持股或跟踪。

虽然在操盘精灵指标站上生命线和趋势线后，第二个交易日理应上涨，后期形成短线上涨的概率极大，但是，市场千变万化，低概率事件不等于不会发生。所以，无论哪种市场变化我们都要做好应对措施，这样才能实现短、准、快的操作，做好 1～5 个交易日的超级短线。

股价形成快速下跌，操盘精灵 K 线实体运行到生命线的下方，趋势线也拐头向下，预示着接下来的交易日，股价将沿着向下的趋势运行。在下跌过程中，只要趋势线不掉头，操盘精灵 K 线实体不重新站上生命线，我们就暂时不对该股实施短线买入的计划。

在操盘精灵指标 K 线实体快速缩小的时候，我们可以对该股再次进行关注，但是关注不等于买入。

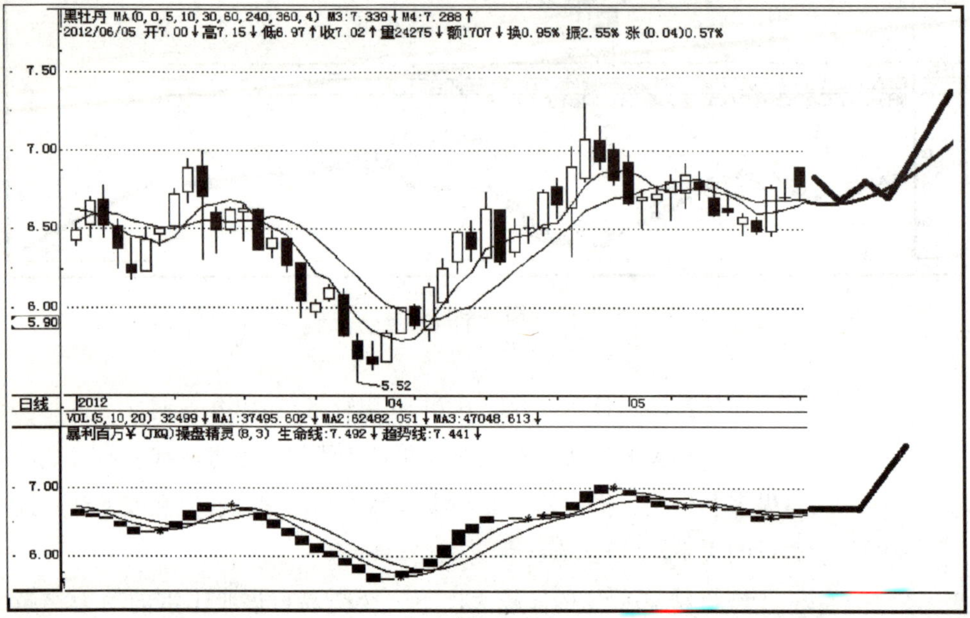

图 3-99

操作策略(三)图 3-99，600510 黑牡丹(2012 年 5 月 21 日)。

操盘精灵指标 K 线实体的大小，预测了下一个交易日股价上涨或下跌力度的大小。当股价站上 5 日、10 日均线后，横盘整理，而操盘精灵指标虽然能够保持在生命线的上方，但是始终以较小的 K 线实体运行，接下来的交易日，股价将缺乏上涨动力。

股价后期的上涨缺乏上涨动力，作为短线投资者，我们就没有必要着急对个股进行买入操作。在股价横盘期间，若操盘精灵指标 K 线实体能够保持向上拓展，同时 K 线实体放大，则说明虽然股价横盘，但是其储蓄的上涨动力将越来越大，稍后只要爆发，快速拉升随之而来，买入机会将至。

在横盘期间，只要操盘精灵的K线实体不能放大，我们就对该股进行持续跟踪。积极的投资者，若对大盘后市有良好的预期，同时对该股也有良好的后市预期，在盘中能够通过分时走势找到合适的买点，则可以谨慎地先行介入。

稳健的投资者则需要等待操盘精灵给出明确的买进信号后，再择机介入。我们操作的是超级短线，一个交易日就可以完成一次投资操作，所以不要着急对某只个股进行买进操作，长时间按兵不动，等待良好的出击点，是短线投资者必备的素质之一。

当股价在横盘的后期，操盘精灵指标先于股价开始向上突破，操盘精灵指标的K线实体也开始逐步放大，那么将预示着股价下一步会向上拉升，我们此时可以先于股价的上涨买进，进行短线持股等待获利的操作。

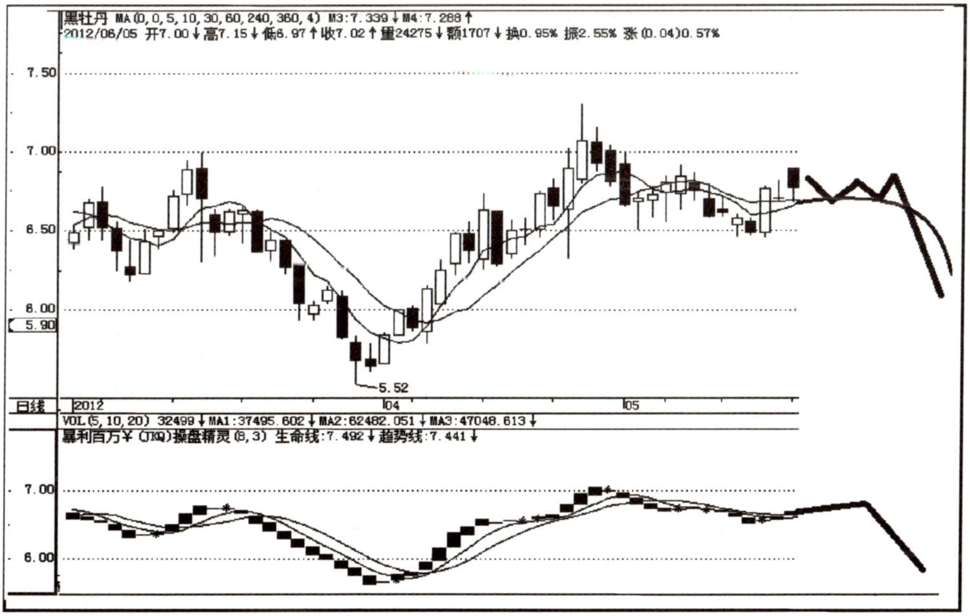

图 3–100

操作策略(四)图 3-100，600510 黑牡丹(2012 年 5 月 21 日)。

在股价横盘期间，若量能不济，多头资金不能有效战胜空头抛压，那么股价后期的上涨将会乏力。

操盘精灵指标只要走在生命线的下方，股价必跌。所以在横盘期间，我们要密切关注操盘精灵指标的突破方向。操盘精灵的突破方向往往会先于股价的涨跌方向，因为股价的涨跌其本质是源于多空博弈，而操盘精灵将会在多空博弈出现变化时，及时计算出强弱变化，并用图表的形式反映出来。

股价沿着 5 日、10 日均线横盘整理，在整理接近尾声时，要么向上突破，要么向下突破。只要操盘精灵跌破生命线，我们就要在最快的时间做出反应，立即卖出手中的筹码，或者放弃对该股所有的买进操作计划。

在操盘精灵跌破生命线后，随后往往伴随着股价跌破 5 日、10 日均线，操盘精灵指标的生命线和趋势线随之掉头向下。

实盘中，我们要耐心等待操盘精灵指标的下跌 K 线实体放缓，并且明显收敛的时候，才可以再次对该股进行追踪。

第四部分

实盘——后期走势追踪及分析

市场是最好的老师，我们必须要遵循市场的自然规律。一只股票后期的实盘走势，虽然不是唯一的必然结果，但却是最为符合当时所有综合因素的必然走势。实盘操作中，谁也没有能力把所有涨跌因素都分析透、把握准，但对后期走势追踪学习，可以让我们距离必然结果更近一步。

第一节　600006 东风汽车(2012 年 2 月)

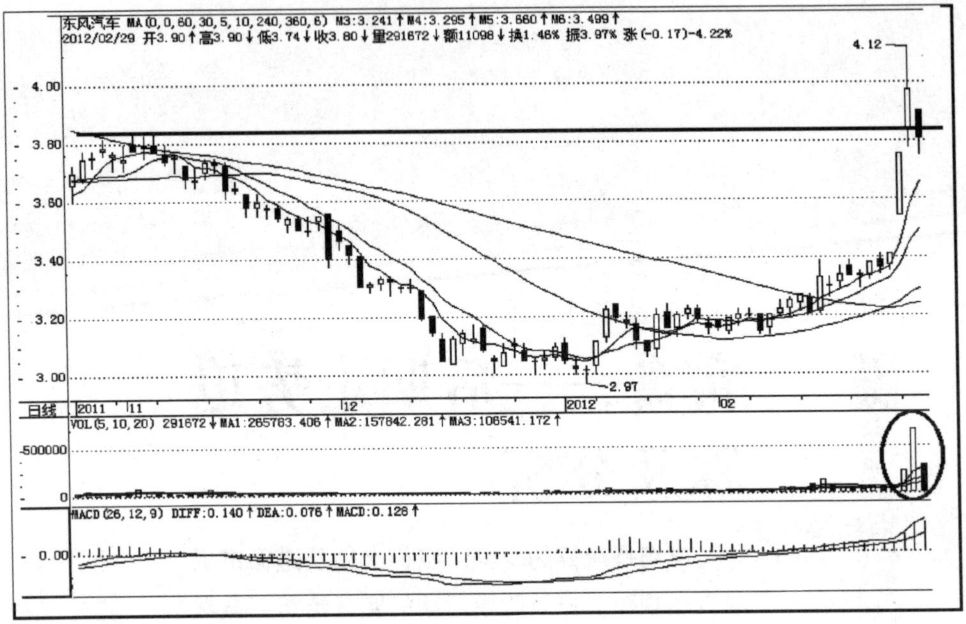

图 4-1

实盘追踪图 4-1，600006 东风汽车(2012 年 2 月)。

股价在对四线有效突破后，2 月 16 日，股价进行了短暂整理，成交量萎缩，股价波动变缓，收出了一根小阴线。这根阴线有着非常重要的意义，阴线收在了四线的上方，既可以理解为对突破的有效确认，也可以理解为下一步上涨的蓄势走势。

在随后的几个交易日中，股价慢慢地向上推升，延续着在 5 日均线上的强势走势。在经过几个交易日的慢步推进后，股价在成交量的快速放大下，展开了更加猛烈的上涨，以涨停板的形式收出了大阳线。

随后 2 月 28 日，股价再次快速拉高，成交量极度放大形成了孤量的走势。通过对股票日 K 线位置的分析，加上成交量的变化，高位落袋为安是最佳选择。

该股的实盘走出了让投资者在短期获利丰厚的走势，只要能够在突破四线后进行短线的买进操作，无论是提前离场，还是坚持到最后在放巨量阳线处离场，都是一次能够带来利润的操作。

第二节 600008 首创股份(2012 年 7 月)

图 4-2

实盘追踪图 4-2，600008 首创股份(2012 年 6～7 月)。

在 6 月 8 日后，第一个交易日股价受到支撑拉出了一根阳线，阳线实体比较有利后期的上涨，吃掉了前期几根阴线。但是，随后第二个交易日的早盘低开，让该股的股性直接显弱，有力的阳线没有让股价站稳该位置，反而带来了更多的抛盘，第二个交易日的低开阴线，让我们对该股需要进一步地追踪观察。

经过两个交易日的调整，股价再次回到了箱底支撑上，此时该股再次以一根更加有力的阳线吞吃了前期的调整阴线。但是，如出一辙，随后的阴线调整让股价再次回到了箱底支撑的位置。

如此来回地波动，两次拉升都以失败而告终，不能形成向上突破拉升的走势，向下选择方向的概率变大。

从实盘日 K 线的走势上我们得知，该股最终选择了向下破位的走势，在圈示位置，该股直接破位，毫不犹豫地向下拓展空间，股性显示较弱。在经过第一波下跌后，股价稍作整理后，又展开了第二波下跌，并且打破了前期低点。

此股若在箱底位置买入，则必须在圈示位置止损，若没有买入，在圈示位置则放弃对该股的任何买入计划，只有在股价回到箱体内才能对其另做打算。

第三节 600010 包钢股份(2012 年 3 月)

图 4-3

实盘追踪图 4-3，600010 包钢股份(2012 年 3 月)。

3 月 14 日包钢股份以涨停板的方式放巨量对前期整理区间进行了强有力的突破，随后第二个交易日，该股保持了高位强势整理的态势。

虽然第二个交易日的强势整理是以低开低走的形式完成的，但是，低开阴线的位置和实体的大小没有突破昨日阳线实体的一半，尤其是成交量能够保持相对活跃状态。在全盘获利的情况下，以低开低走的方式进行筹码的清洗，并且保持相对活跃的交易状态，为后市的进一步上涨打下了基础。

第三个交易日股价向上抬升，吃掉了第二个交易日的调整阴线，同时成交量依然保持相对的高量能，交易比较活跃。能够保持较活跃的交易状态，有效化解了巨量涨停突破当日的孤量，将不利因素变成了有利因素。

第四个交易日该股在持续放大的量能推动下，再次快速拉升，收出了放量大阳线，形成了快速向上攻击的走势。至此，该股的强势特征显现，3 月 14 日的突破形成了有效的强势突破，该股走出了快速拉升的走势。

第五个交易日股价继续放量快速拉升，强势上涨。在随后几个交易日高位震荡见到 7.12 元高点后，成交量保持萎缩，股价进入了短暂的整理阶段。短短几个交易日的交易快速拉升，对于短线交易者来说，只要有正确的应对策略和准确的盘面把握，拿到可观的收益将变得非常容易。

第四节　600012 皖通高速(2012 年 2 ~ 3 月)

实盘追踪图 4-4，600012 皖通高速(2012 年 2～3 月)。

2 月 21 日后的皖通高速保持了良好的上涨势头。第二个交易日股价量能温和放大，对股价的上涨起到了良好的支撑效果，盘中收出了一根光头阳线，形成了良好的持续上涨信号。

随后的几个交易日，股价在温和的量能推动下，保持着小阳线的上涨势头，将股价逐步推高到了前期的高点位置。

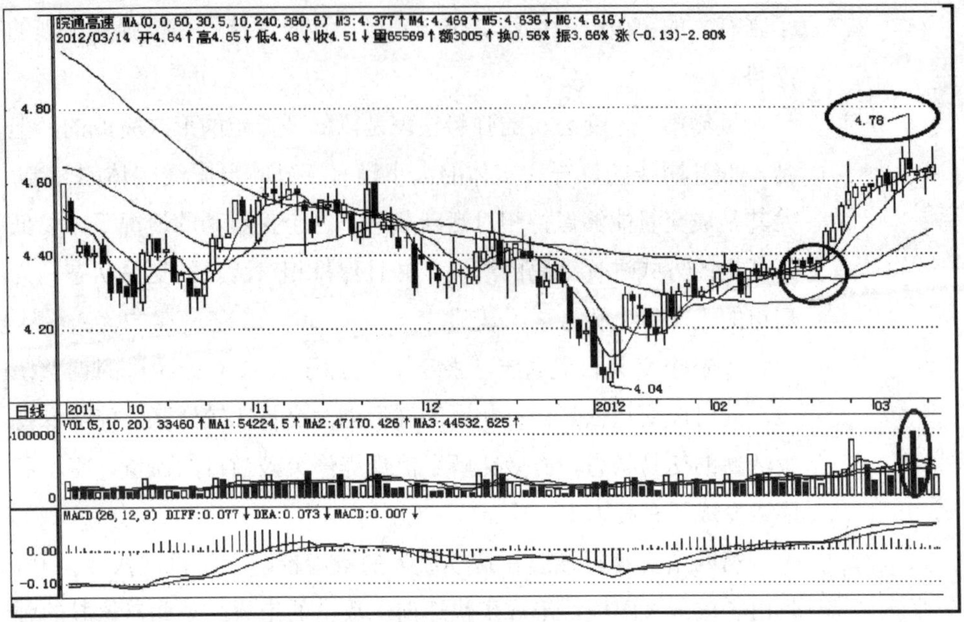

图 4-4

在前期的高点位置，阳线实体逐步缩小，其主要原因是量能没有持续地放大。没有了量能的支持，股价的上涨显得动力不足，此时采取主动离场操作的投资者就可以获利离场。

高点的再次横盘，对获利盘和前期高点的解套盘进行消化，量能的不够可以用时间来换，连续 5～6 个交易日的横盘消化后，股价再次向上拉升。

3 月 8 日的拉升让股价触摸到了 4.78 元的高点，但是量能放大却没有推动股价进一步上涨，低开拉高后的低走在盘中形成了放量滞涨且带长上影线的阴 K 线。在该位置走出放量滞涨的阴线，是我们坚决离场的信号。只有后市化解掉这个标志性阴线的时候，才可以对该股进行第二次跟踪观察。

第五节　600058 五矿发展(2012 年 5 月)

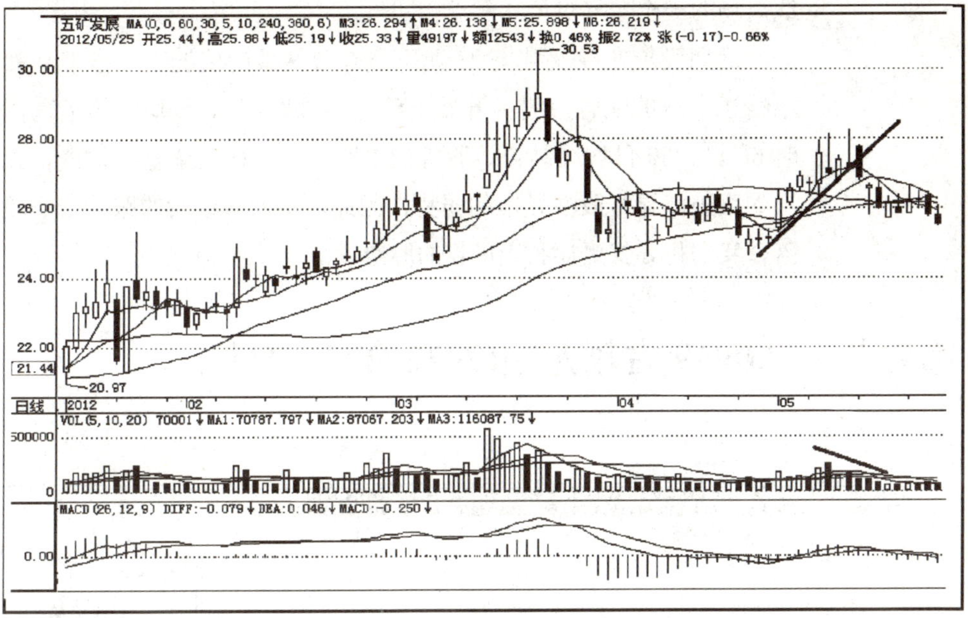

图 4-5

实盘追踪图 4-5，600058 五矿发展(2012 年 5 月)。

在 5 月 2 日该股重新站回 60 日均线后，第二个交易日股价持续上涨，向上拓展空间至 30 日均线附近，第三个交易日继续拉升，有效突破了 30 日均线和横盘的高点，在相对横盘高点位置有效站稳。

随后股价进行了短暂的回踩，对 30 日均线的支撑进行了确认，紧接着再次拉升向上拓展空间到 28 元附近。

前几个交易日的 K 线走势比较良性，支持我们进行短线做多的操作。但是在接下来的走势中，和对该股的综合跟踪和分析，我们不难看到问题开始出现。

在上涨中，成交量不能够有效持续放大，而且出现了逐步萎缩的走势。当股价接触到 28 元附近后，股价开始出现滞涨状态。量能不济，股价滞涨，都是一些不良的盘面信号，通过对分时的跟踪也能够找到更多的股性显弱的信息，因此，在 28 元附近是我们短线离场的一个较好点位。

后期股价在多次触摸 28 元不能有效突破的情况下，量能依然不给予上涨的配合，股价开始下跌，再次回到 60 日均线附近，同时 60 日、30 日均线黏合。股价的下跌一举突破两条重要均线，此次的突破就显得股性异常的弱势，因此，至此对该股的跟踪告一段落，我们将寻找更加利于操作的股票。

第六节　600059 古越龙山(2012 年 5～6 月)

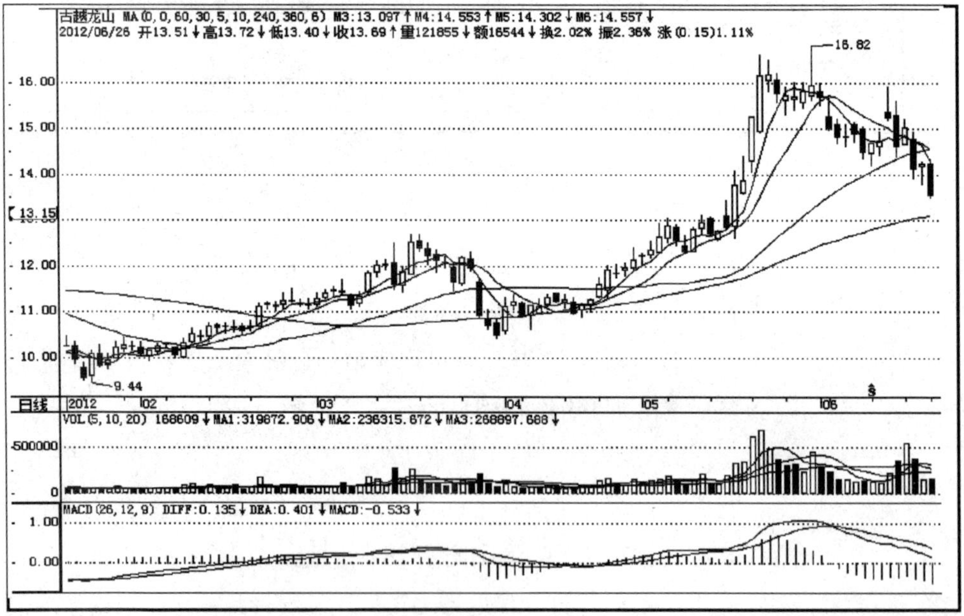

图 4-6

实盘追踪图 4-6，600059 古越龙山(2012 年 5～6 月)。

该股在相对高位经过短暂的横盘后，并没有向上继续拓展空间，随后直接以低开的形式，打破了10日均线的有效支撑。

在横盘调整和下跌期间，成交量没有放大，萎缩的成交量显示了盘中资金交易相对趋于不活跃。

在跌破10日均线以后，股价走出了一波小幅的下跌行情，下跌的上轨始终被5日均线压制。下跌不能上破5日均线，被压制的下跌使得盘面有一种异常的压抑感。

下跌图中，虽然有一次高开直接站上了10日均线，但是随后的进一步下跌，不但没有让股价持续保持在10日均线上方，同时还打破了30日均线的支撑。

在30日均线的下方运行，与前期的快速上涨形成了明显的对比，从调整幅度和调整的量能来综合分析，该股前期的强势特征基本上被完全消化。没有了强势表现，该股要想再次走好，必须要经过再一次的整理和蓄势。只有盘面走势走出了支持进一步上涨的拉升行情，我们才可以对该股进行第二次持续跟踪。

至此，该股完成了强弱转换，我们对该股的操作和跟踪可以全部放弃。实盘中，需要从另外的股票中寻找新的操作机会，寻找更加适合自己的操作模式。

第七节　600060 海信电器(2012 年 2 ~ 3 月)

实盘追踪图 4-7，600060 海信电器(2012 年 2～3 月)。

实盘中，海信电器的走势比较完美，强有力地持续上涨，无论是在第一个圈示位置(较佳的准确买入点)，还是第二个圈示位置(追涨买进的调整点)买进该股的投资者，均能轻松持股拿到比较可观的利润。

在第二个圈示位置(我们本小节所关注的位置)，5日均线对该股起到了明显的助涨作用，随后的交易日中，股价快速拉升，盘中表现强势。只要对该股的分时走势能够准确把握，就能找到一个比较合适的买点机会入场。

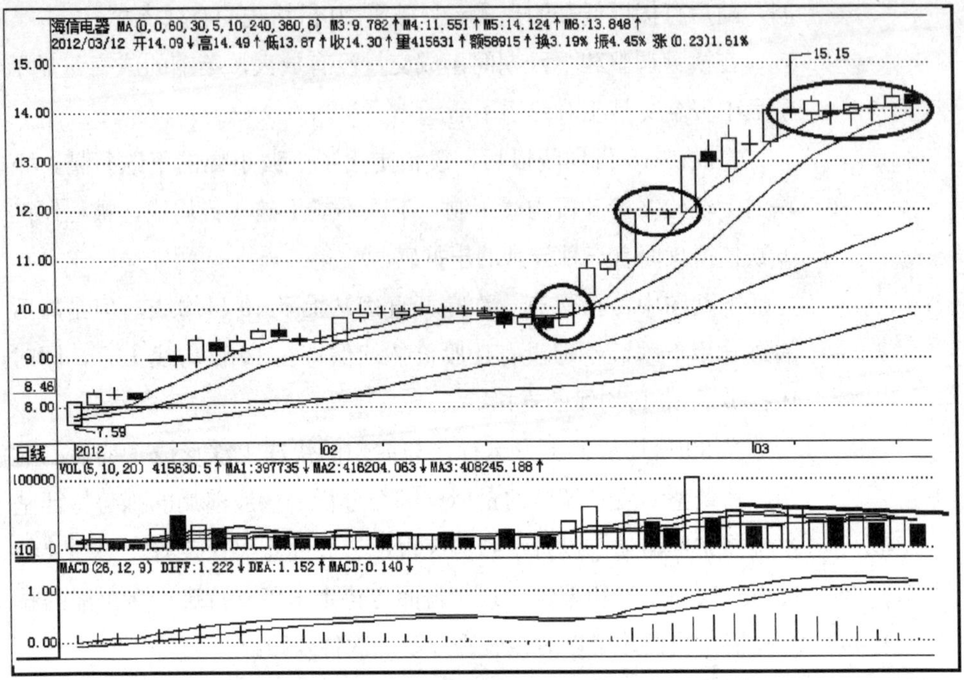

图 4–7

随后，股价虽然上涨幅度和力度有所减缓，但是，始终能够延续 5 日均线的助涨效应，沿着 5 日均线持续向上拓展空间。

值得注意的是，后期的上涨，虽然股价能够始终保持在 5 日均线的上方，但是成交量有开始逐步萎缩的迹象。成交量的逐步萎缩，让我们对该股的短线持股信心开始降低，通过对量能因素的分析，5 个交易日左右，结合大盘周围环境进行换股的操作也属上策。

在第三个圈示位置，股价进入了整理区间，该位置虽然没有破坏海信电器进一步走强的股性特征，但是作为超级短线投资者，极限持股位置就是 5 日均线助涨效应被打破的位置。

本次所有的跟踪和操作将在第三个圈示位置宣告结束，至于后期该股是否能够继续走强，我们可以继续跟踪。当符合我们制订的操作模式再次被启动的时候，再进行操作。

第八节　600066 宇通客车(2012 年 5 月)

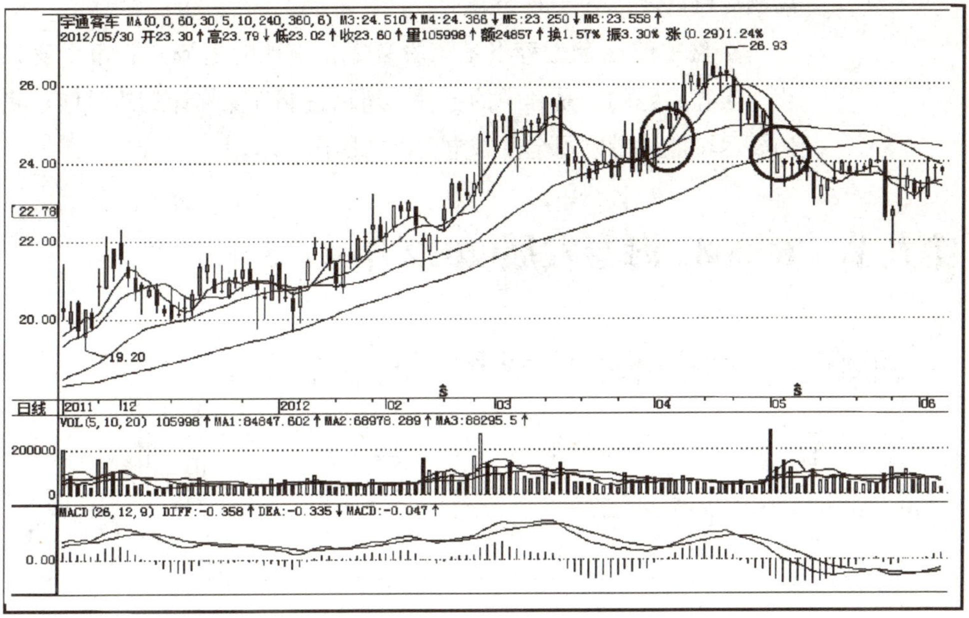

图 4-8

实盘追踪图 4-8，600066 宇通客车(2012 年 5 月)。

实盘中，宇通客车经过将近半年的上涨，从 19.2 元一路攀升到 26.93 元高点，然后开始逐步回落。

在 5 月 3 日走出高开低走大阴线后，第二个交易日股价继续低开，第三个交易日依然延续了下跌。连续的三根放量阴线，将股价 60 日均线的支撑变成了压制，股票的上涨趋势也被有效打破。

随后股价在 60 日均线的下方持续稳定了一段时间，MACD 指标有所修复后，在又一根大阴线的有力打击下，股价再次向下拓展空间。

跌破 60 日均线的股票形成了持续走低的形态，30 日、60 日均线都开始逐步拐头向下，要想再次在宇通客车上寻找操作机会，就必须等待着股价再次攀上四线。

实盘中，宇通客车走出的是破位后的下跌走势，这个走势属于大概率事件，所以我们在制定操作策略的时候要么追踪观察，要么离场等待。

实盘中的这个走势不是该股必定会出现的走势，股市千变万化，实盘追踪的只是其中的一种，所以在制订操作计划的时候，我们要尽可能地考虑周全，制定周密的操作策略。

第九节　600082 海泰发展(2012 年 4～5 月)

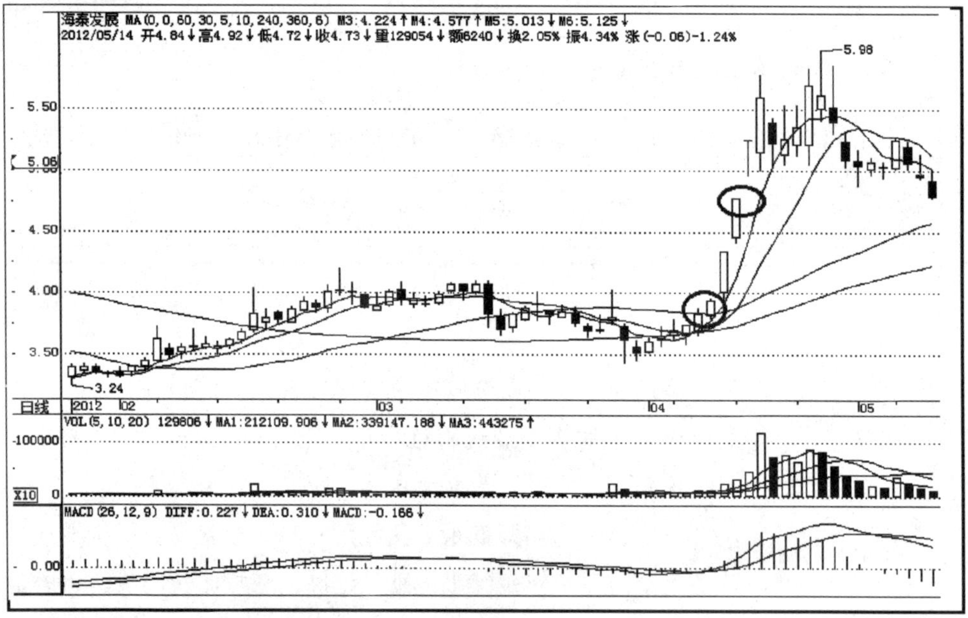

图 4-9

实盘追踪图 4-9，600082 海泰发展(2012 年 4～5 月)。

该股经过前期的充分横盘和调整走势，积蓄了较多的做多动力，在形成突破后，上涨势头极度强势，持续向上拓展空间。

对 4 月 16 日后的 K 线进行跟踪，股票的强势没有减弱，随后的第二个交易日，股价再次高开，稍作调整后牢牢地封在了涨停板的位置。

随后第三个交易日，经过连续三个交易日大幅上涨的该股，虽然低开，但是低开后依然拉出了一根幅度较大的阳线。同时，在上涨期间量能都能够温和的给予支持。

第四个交易日，股价再次低开。连续两次的低开走势，显示出了盘中有调整的要求，对于短线投资者，只要股票有调整要求的因素展现出来，我们就应该有离场的准备。

有调整要求的股票，对其分时进行跟踪，股性不强则可以选择机会离场。

随后该股虽然向上再次拓展了空间，但是力度和幅度大幅降低，5 日均线被有效打破，紧接着缩量向下调整，打破 10 日均线。10 日均线对股价的持续下跌逐步形成了压制，在量能持续萎缩的情况下，股价进一步向下探底。

至此，上涨和下跌的相互转换已经完成，新一轮的涨跌，需要新一轮的资金来组织。

第十节　600095 哈高科(2012 年 4 ~ 5 月)

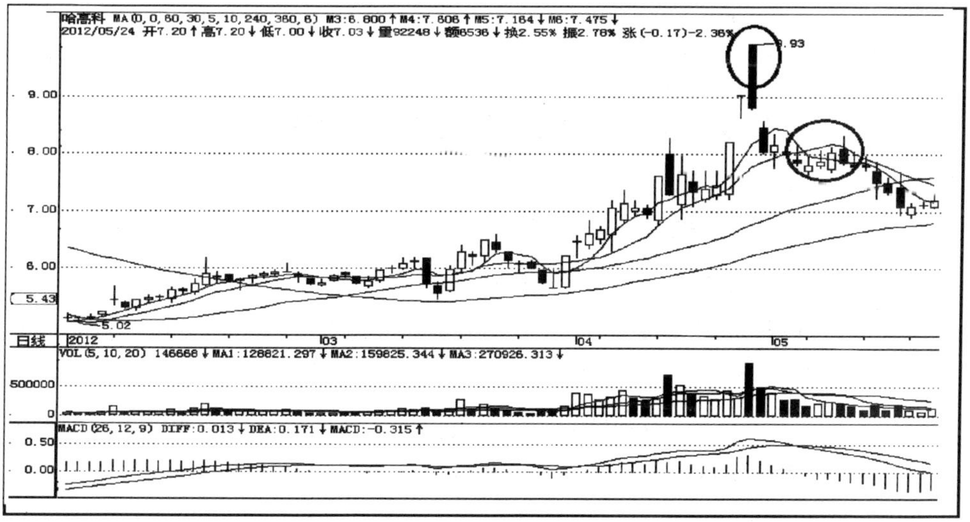

图 4–10

实盘追踪图 4-10，600095 哈高科(2012 年 4～5 月)。

该股在 4 月 26 日高开触摸 9.93 元高点后，展开了快速下跌。当日股价形成了一根放量巨阴线，打破了上一个交易日的收盘价，日最高跌幅超过了 10%。当日的下跌让盘中持有筹码的投资者措手不及，随后第二个交易日该股的走势强弱将直接影响该股后市的预期。

实盘追踪第二个交易日，该股继续低开，随后股价持续下跌，没有站上早盘低开的开盘价，更没有对昨日的下跌采取任何收复动作。低开低走，直接让该股由强转弱，并且有效跌破了 5 日均线。

在接下来的走势中，虽然 10 日均线上方股价稍有抵抗，但是随后而来的依然是缩量下跌。10 日均线、30 日均线相继被跌破，该股延续了高位放量滞涨后的下跌走势。

当该股跌破 5 日均线后，我们就对该股的后期开始看淡，要想再次入场操作，必须要经过多组日 K 线对不利因素化解。

当股价跌破 10 日均线并且在 10 日均线下方持续运行时，该股前期的强势上涨被全部消化，接下来的持续下跌，让我们彻底放弃了对该股进行强势跟踪的操作策略。打破 30 日均线，不但打破了重要的长期支撑线，同时还打破了前期横盘调整的低点位置，在这个重要位置，股价没有做太多的反抗，对该股的持续跟踪也应终止。

第十一节　600101 明星电力(2012 年 3 月)

实盘追踪图 4-11，600101 明星电力(2012 年 3 月)。

3 月 9 日的大阳线对 BOLL 线指标上轨形成了突破，在突破后，股价能够站稳 BOLL 指标的上轨，同时成交量依然可以保持相对稳定的高位。

在上轨被突破后，根据我们所掌握的操作技巧和制定的操作策略，实盘中有机会寻找到较佳的操作价格对该股进行短线的买进操作。

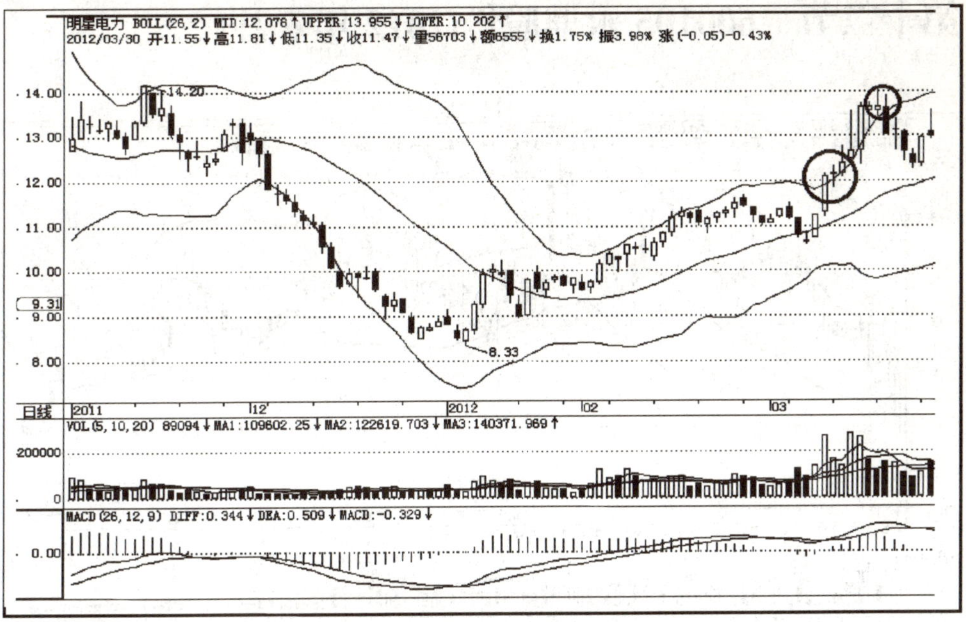

图 4–11

在买进股票后，该股继续向上拓展空间，虽然每个交易日股价上涨的幅度不是很大，但是成交量能够保持相对活跃状态，量能的温和支持，让股价的上涨显得扎实而有力。

只要股价能够保持在 BOLL 线指标的上轨上面运行，短线操作可以持股。在接近 14 元附近，由于前面相对高点的压力，加之股价持续上涨形成的获利盘，在第二个圈示位置，股价对 BOLL 线指标的上轨进行了向下突破。

按照我们制定的操作策略，在跌破 BOLL 线指标上轨时，我们可以择机进行离场操作。虽然这个操作策略没有能够把握住该股的最低点买入，也没有把握住最高点卖出，但是，这样操作成功率较高，风险较小。只要能够持续地让账户获利，就能实现几何增长，让账户快速地膨胀。

第十二节　600105 永鼎股份(2012 年 6 月)

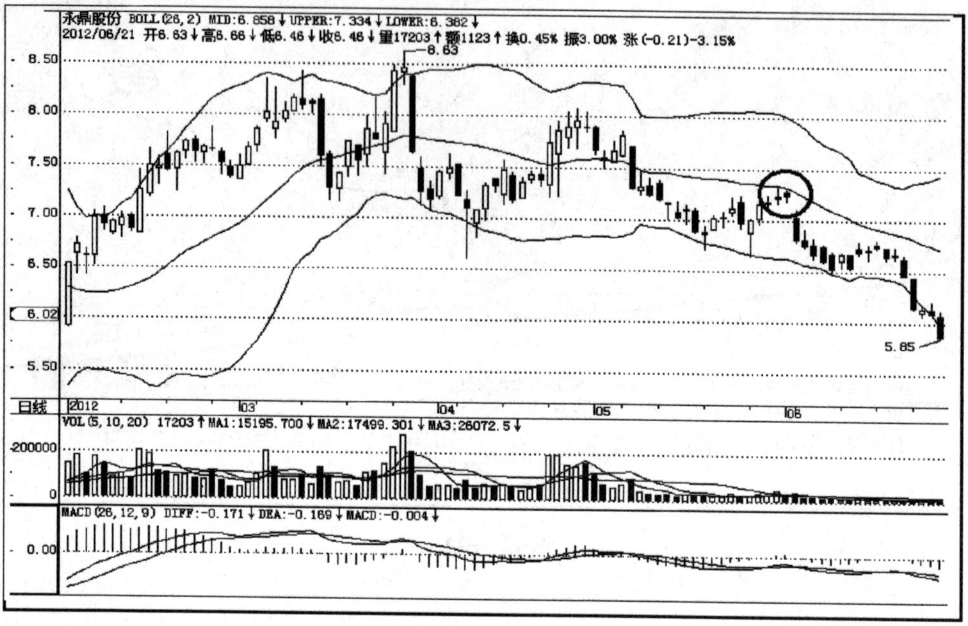

图 4-12

实盘追踪图 4-12，600105 永鼎股份(2012 年 6 月)。

该股在实盘中，走出了中规中矩的大概率发生的预期走势。当股价触及到 BOLL 线指标中轨后，由于量能的进一步萎缩，股价没有突破中轨压制的力量，最终还是选择下跌的走势。

第二个交易日，股价早盘直接低开，给盘面带来了巨大的压力。随后伴随着低开低走的沉闷走势，让市场中持有该股的投资者跟风卖出手中的筹码，股价大幅下跌，形成了一根跌幅较大的缩量阴线。

紧接着的几个交易日，股价继续缩量阴跌，并且毫不留情地跌破了前期整理平台的低点。该股的弱势特征进一步显现，我们应该放弃对该股的所有买入操作计划。

当股价跌到 BOLL 线指标下轨时，受到 BOLL 线指标下轨的支撑出现了暂时的止跌。但是由于下跌趋势已经形成，成交量持续萎缩，盘中交易清淡，暂时的止跌没有阻止永鼎股份的下跌步伐。

在经过短暂止跌后，股价再次向下拓展空间，快速杀跌阴线直接跌破 BOLL 线指标下轨，股价下跌势头强劲。

第十三节 600315 上海家化(2012 年 8 月)

图 4–13

实盘追踪图 4-13，600315 上海家化(2012 年 8 月)。

7 月 30 日，该股以横盘的形式等待 BOLL 线指标中轨的逐步靠拢，当 BOLL 线指标与股价处在同一价位时，股价有明显的止跌企稳现象。连续的三根小阳线向上拉升，让股价再次回到了横盘小平台的上沿。

股价持续上涨，BOLL 线指标中轨也持续上涨，两者相辅相成，互相支持，具有进一步上涨的动力。如图中圈示位置，第四个交易日该股收出了一根十字线后，再次向上拉升，连续的两根阳线，不但突破了 BOLL 线指标的上轨，而且突破了前期高点。

突破新高后，该股再次横盘保持强势，BOLL 线指标继续向上攀升，与股价会合。

在我们圈示位置后的上涨，虽然日 K 线形态和走势都比较理想，但是在股价创出新高和突破 BOLL 线指标上轨的时候，量能没有给予太明显的支持。在每一次上涨和下跌中，该股的量能始终保持平淡，综合考虑，没有量能支持的上涨，需要我们保持一定的警惕性。

我们曾经讲过，若场中所有持有股票的投资者持筹心态稳定，长期看好股票，稳定持股而不进行操作，则会出现股价持续缓步上涨、成交量持续萎缩的缩量上涨走势。而短线投资者所跟踪的就是量能和强弱势头，所以两者虽都是缩量上涨，但其应对策略理应不同。

第十四节 600365 通葡股份(2012 年 5 ~ 7 月)

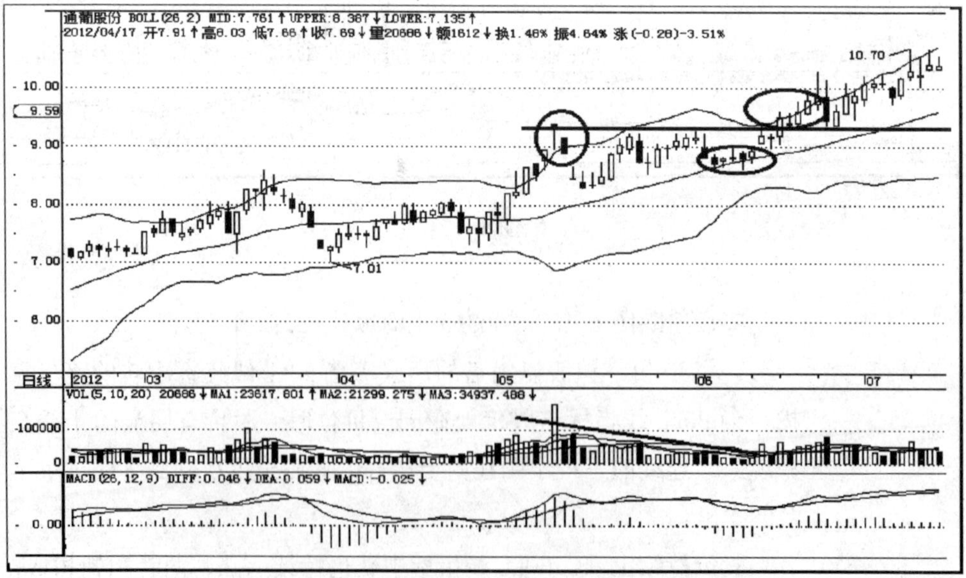

图 4-14

实盘追踪　图 4-14，600365 通葡股份(2012 年 5～7 月)。

5 月 11 日，通葡股份高开后收出 T 字形 K 线，同时量能放大明显，相比近期量能属于孤量。在这个关键位置，我们制定了详细的操作策略，每一个策略都是一套应对后市变化的操作计划。实盘中，该股会按照哪个方向运行，我们只能跟随市场的变化来灵活应对。

在 T 字形 K 线后的第一个交易日，该股直接低开后快速下杀收出大阴线，大阴线的量能相对昨日孤量有所萎缩，同时收盘价格有效跌破了 BOLL 线指标的上轨。依照我们前期制定的操作策略，对该股放弃所有操作计划，只能静等其变。

随后的两个交易日，该股继续低开低走，形成了快速下跌的走势。在接近 BOLL 线指标中轨时，止跌反弹。随后延续 BOLL 线指标上轨通道的走势进行了为期一个月的调整。

在调整的后期，量能萎缩，调整的效果明显且整理充分。在 6 月初，受到 BOLL 线指标中轨支撑后，温和放量向上攻击。此时，日 K 线有效创出新高，站在了前期 5 月 11 日 T 字形 K 线的高点之上，对前期的调整进行了有效化解。

对前期调整化解后，通葡股份迎来了新一轮的操作机会，我们可以对该股进行继续的关注，从盘中寻找新的买入机会进行买入操作。

7 月，该股的日 K 线形态和位置支持短线操作，但是成交量相对萎缩，需要我们谨慎对待。在实盘中，对该股进行重点关注，只要盘面符合我们的操作要求，或者根据投资者自己的操作习惯，灵活对待该股的后期走势。

第十五节　600369 西南证券(2012 年 4～5 月)

实盘追踪图 4-15，600369 西南证券(2012 年 4～5 月)。

在图中圈示位置是我们对该股关注的位置，在这个位置上，关注该股的原因不是因为该股是强势股，而是因为该股处在了一个关键的支撑位置及空方量能被有效消耗的位置。

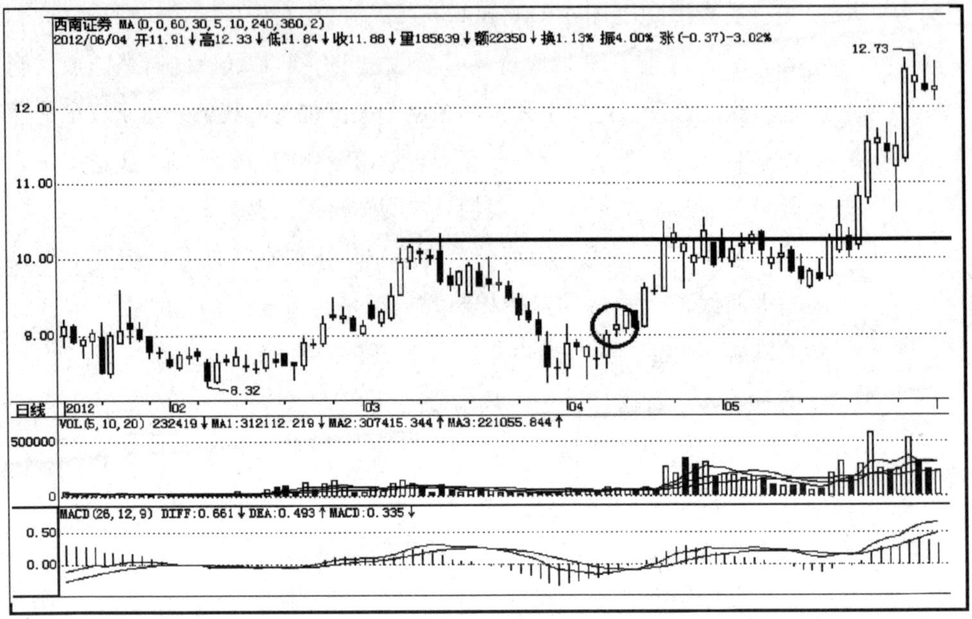

图 4–15

随后该股延续了拉升走势，在拉升中，成交量温和放大，当股价触及前期高点时，一个主动离场的机会摆在了我们面前。

随后股价能够保持高位相对强势的横盘，成交量持续保持较高水平，盘中交易活跃，换手充分。经过充分的调整，股价再次放量拉高。

接下来的拉高行情强势而有力，连续的大阳线让股价快速向上拓展空间。短线投资者在该股第二波中若能够有效把握住一段主升浪，则收益不菲。

作为短线投资者，我们本书介绍的是 1～5 个交易日的持股操作模式，所要把握的股票机会很多，操作点也很多，所以好的股票我们可以采取多次操作。

当发现一只我们认可的股票，只要对后期走势预期较好，就可以放进自选股票池中进行持续跟踪，从中找到一个较好的入场点，进行一次短线持股。只要该股没有走坏，我们离场后，还可以继续对该股进行跟踪，好的进场点出现后，可以再次入场操作。

第十六节　600393 东华实业(2012 年 8 月)

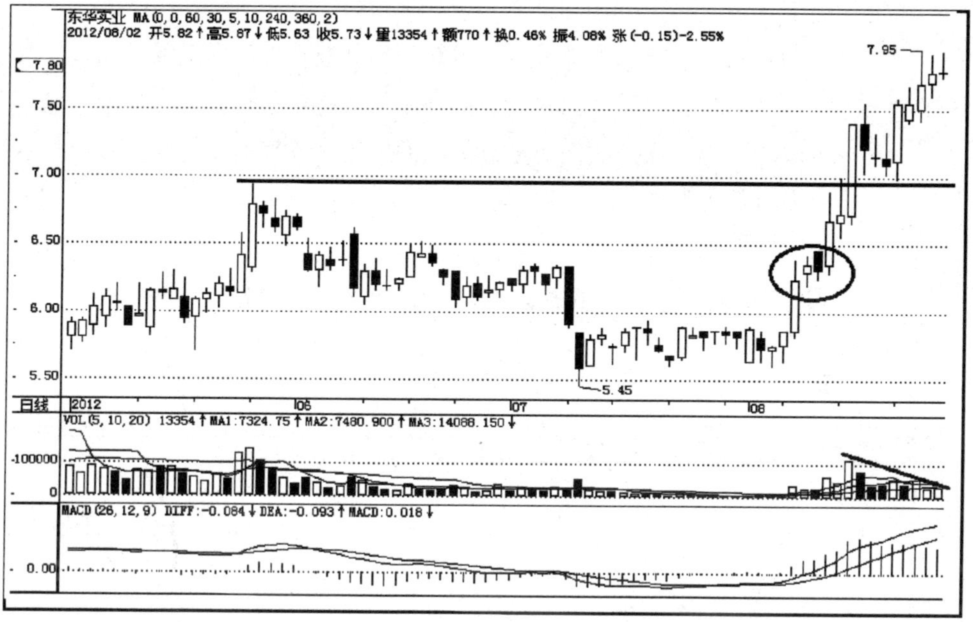

图 4-16

实盘追踪图 4-16，600393 东华实业(2012 年 8 月)。

8 月 7 日东华实业放量拉高，一举突破了前期调整横盘低点，量能的放大，阳线的位置和形态，都支持我们对该股进行重点关注。在实盘中，通过对分时的追踪，我们在接下来的操作中，有理由对该股进行布局。

随后的第二、第三个交易日，该股量能能够保持较好的交易活跃状态，股价虽然没有快速上涨，但是两个交易日股价均在早盘高开，能够稳定地保持在当前高度，盘中没有弱势下跌的表现。

第四个交易日，股价快速上涨，触及前期高点。上涨量能继续增加，股价向上拓展空间动力比较强劲。第六个交易日，该股放量快速拉高，以一根强有力的大阳线创出新高，在这个突破的位置，也是一个比较关键的关注点。

在该位置我们可以进行多个模式的操作策略布局，这需要每个投资者建立一套属于自己的操作系统，然后根据自己的操作系统来指导当前的操作。

经过连续三个交易日的短暂调整，股价继续向上拓展空间。在随后的上涨中，我们看到上涨的K线形态步步攀升，而上涨的量能缓缓下降，这是我们要重点关注的因素，需要在接下来的操作中认真对待。

第十七节 600403 欣网视讯(2012年2月)

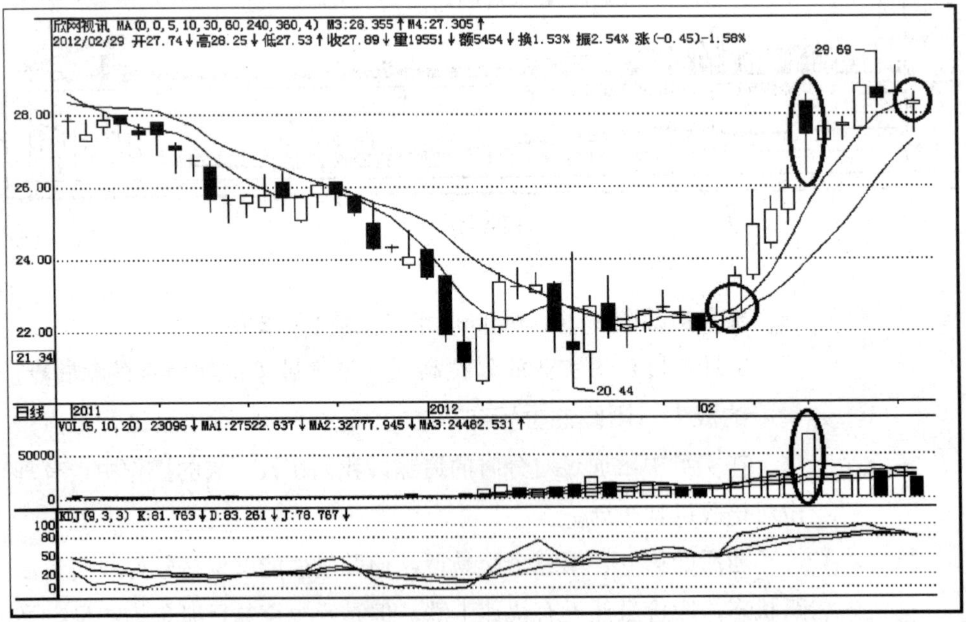

图 4-17

实盘追踪图 4-17，600403 欣网视讯(2012 年 2 月)。

在 2 月 3 日该股走出一根支持做多的放量大阳线后，欣网视讯后期延续了大概率的上涨走势。

随后第二个交易日，继续以更大的一根阳线向上推高，强有力的上涨预示该股此次的上涨将会持续。紧接着的第三个交易日、第四个交易日，股价依然持续推高以阳线收盘。同时成交量能够保持相对稳定的活跃状态，KDJ 指标在股价的上涨过程中，保持向上的趋势，对股价的上涨起到良好的支撑效果。

当股价触及 28 元附近，走出了一根高开低走的放量大阴线。此根阴线实际是一根阳线，当日收盘价大于前一日的收盘价。同时，此根阴线也是一根放量滞涨的阴线，股价也处在前期高点附近。

综合分析，该股从 22 元上涨到 28 元，并且处在前期相对高点位置，走出放大量滞涨的走势。从获利幅度和 1～5 个交易日持股的操作模式来考虑，采取主动离场的操作属于上策。

在后期的走势中，该股继续延续 5 日均线支撑向上拓展空间，以 5 日均线为标尺，我们也将会在最后一个圈示位置，当股价跌破 5 日均线时坚决离场。最后一个圈示位置也是作为超级短线投资者最后必须离场的位置。

第十八节 600405 动力源(2012 年 5～7 月)

实盘追踪图 4-18，600405 动力源(2012 年 5～7 月)。

在前期横盘区间止跌后，动力源没有能够延续进一步上涨的走势。图中圈示位置是我们对其进行观察和制定操作策略的位置，随后没有更多的资金推动动力源向上拓展空间。

5 月 11 日，5 日、10 日均线相互黏合，股价站上两线，随后第二个交易日便走出了下跌破位的走势。连续的下跌阴线，毫不留情地将股价向下推进，成交量持续萎缩。在前期横盘的箱体下沿位置，该股依然采取了不动声色的缓慢下跌走势。

从选择向下，到跌破横盘区间，该股的下跌幅度始终保持小碎步儿，下跌力量始终温和而缓慢。萎缩的成交量使得市场交易清淡，关注该股的投资者越来越少。

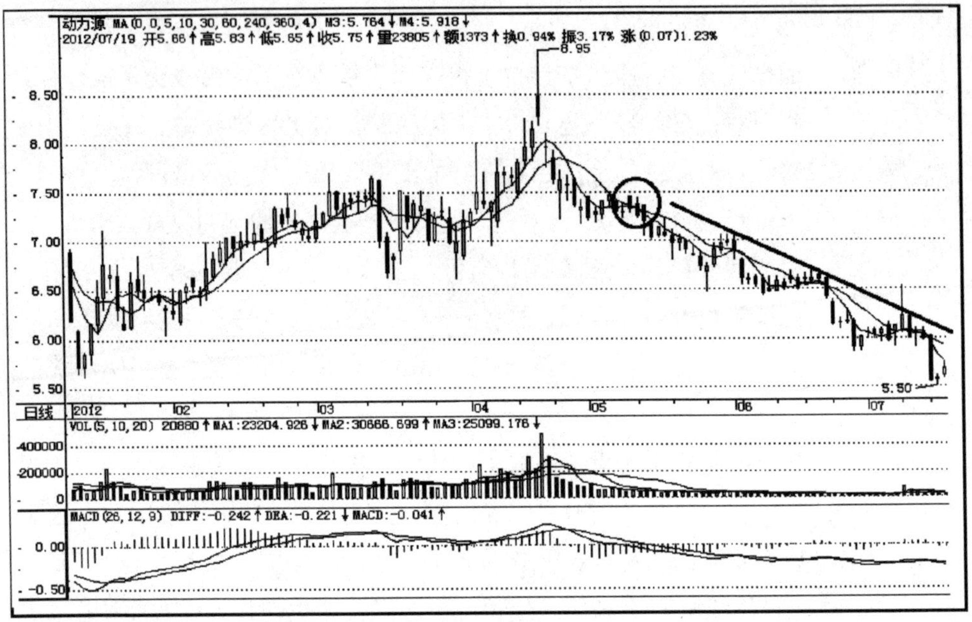

图 4–18

缓慢地下跌将让下跌的时间持续更长，下跌的幅度也将会持续加大。5 月底以及 6 月期间的下跌伴随着反弹和横盘，股价在反弹和横盘中，虽然对 10 日均线有所突破，但是可操作的机会几乎没有。

在这种持续阴跌的个股中，我们不要妄想从中进行短线获利的操作，就算是把握准确，其可操作性和盈利预期都不会太高。从大概率事件的选择上来考虑，也不符合我们进行大概率事件把握的操作风格。

持续地阴跌一直延续到 7 月，在新一轮有效逆转下跌趋势的 K 线组合没有来临之前，我们不要对该股进行任何买进操作。

第十九节　600410 华胜天成(2012 年 2 ~ 3 月)

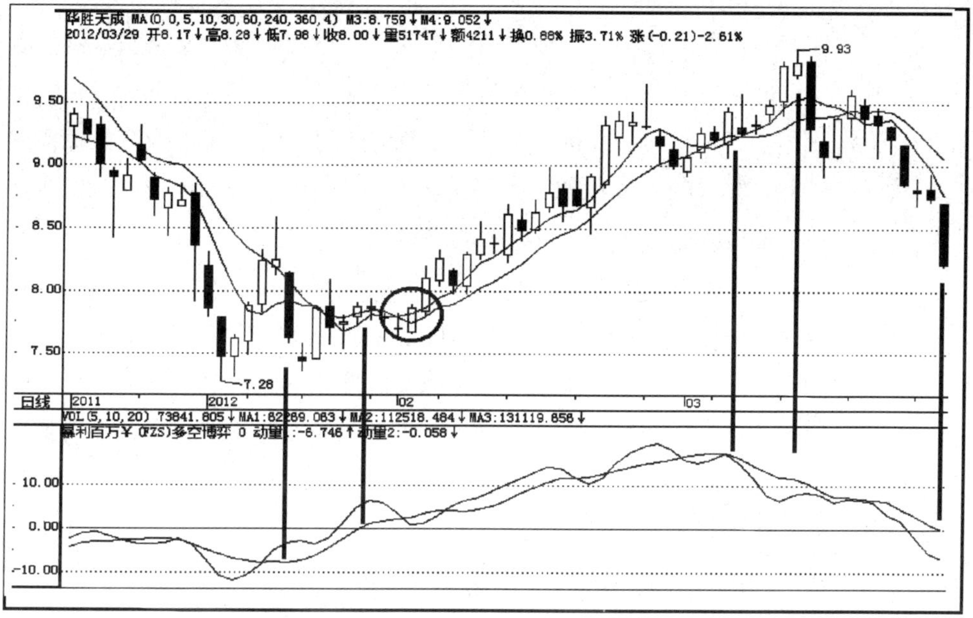

图 4-19

实盘追踪图 4-19，600410 华胜天成(2012 年 2～3 月)。

在 2012 年初，华胜天成止跌后，在横盘期间，多空博弈指标两线开始向上运行。虽然此时两线依然在 0 轴的下方，但是做多的力量明显地开始向做空的力量靠拢，两者快速向平衡状态发展。

当多空博弈指标两线突破 0 轴后，股价就具备了上涨的潜力，在我们圈示的位置是 2 月 2 日，也就是我们前期对其进行重点跟踪和观察的位置。在这个位置上，不但多空博弈指标在 0 轴上方运行，同时，股价在当日有效突破了 5 日和 10 日均线，这个位置是一个值得我们关注的买点位置。

随后，股价沿着 5 日、10 日均线上涨。在上涨过程中我们不需要做太多的分析，有了多空博弈指标，只要对多空博弈指标的涨跌进行跟随观察就可以了。

在上涨中，动量 1 线属于超短线，对资金博弈的敏感度较强，代表着资金即时的运行轨迹。动量 2 线波动相对平缓，是我们操作中重点关注的重要指标线。当动量 2 线保持向上态势时，我们可以安心持股，在动量 2 线拐头向下时，多方资金就开始减弱，需要我们采取主动离场的方式离场。

在 3 月初，股价虽然持续上涨，但是动量 2 线已经开始掉头向下，此时的上涨虽然多方力量大于空方力量，股价依然可以上涨，但是短线投资者需要进行离场操作。

在接下来的走势中，动量 2 线持续下跌，股价随后也跟随下跌。只要动量 2 线不能拐头向上，我们就要对该股保持观望的态度。

当两线跌破 0 轴后，无论股价涨跌，都代表着空方力量已经完全处在主导地位，该股就完全进入了弱势走势中，我们就要对该股放弃跟踪操作。

第二十节 600510 黑牡丹(2012 年 5 月)

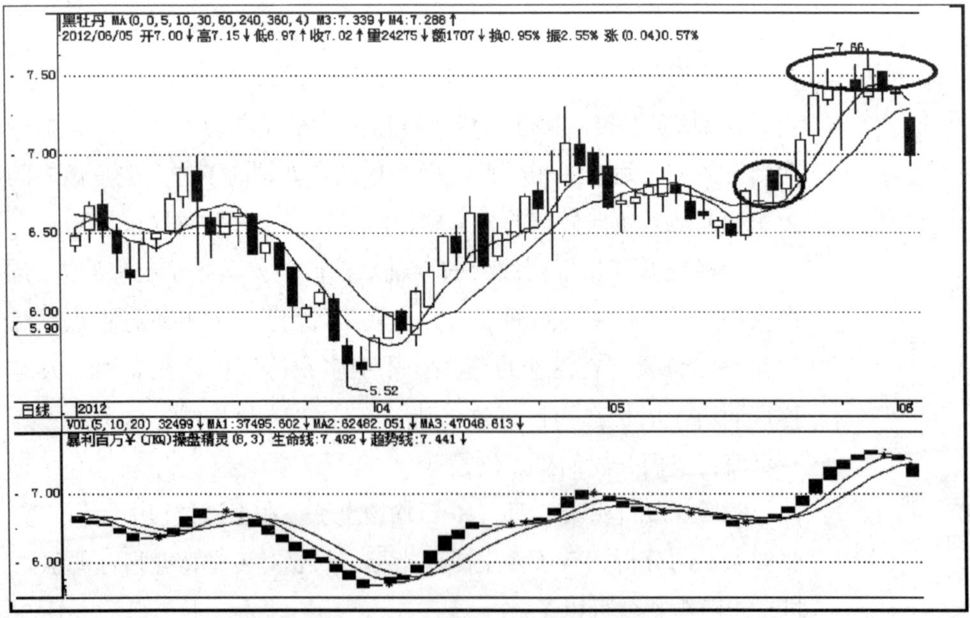

图 4-20

实盘追踪图 4-20，600510 黑牡丹(2012 年 5 月)。

对于 5 月 21 日的黑牡丹，可以说是一个不低的追高位置。在这个相对的高点位置，我们之所以敢对其进行追踪，就是因为有了强有力的辅助武器，即操盘精灵指标。

在这个位置，股价经过调整后，操盘精灵指标 K 线实体反转变色，并且逐步地从生命线的下方向上方形成突破。股价在 5 日、10 日均线上方有效站稳。按照操盘精灵指标所表述的语言，我们可以在这个位置进行买进操作。

随后，第二个交易日股价上涨，操盘精灵指标向上拓展空间。第三个交易日股价拉出大阳线，操盘精灵指标 K 线实体继续放大。第四个交易日股价继续向上拉升，操盘精灵指标 K 线实体继续放大。

在上涨期间，操盘精灵指标的生命线、趋势线均向上运行，操盘精灵的 K 线实体不断放大并且向上拓展。在这个区间中，我们依据股票的日 K 线以及操盘精灵的指标语言，可以大胆地持有股票，安心地获取可观的利润。

当股价突破新高后，虽然股价没有形成下跌，但是操盘精灵指标的 K 线实体开始有所缩小，预示着虽然做多力量依然强于做空力量，但是在接下来的交易日中，股价的上涨动力将开始逐步地缩减。在这个位置，作为短线投资者可以采用主动离场的操作模式离场。

在图中圈示位置，我们按照操盘精灵指标的语言，以及股票日 K 线所处的位置和形态，有充足的时间离场。

最后当操盘精灵指标 K 线实体反转变色的时候，我们则必须离场。当操盘精灵指标 K 线实体跌破生命线时，这是短线投资者必须离场的最后时刻。

本系列其他书籍目录介绍

学习是一个系统工程，需要长期坚持，不断联系并且反复总结，然后再逐步地提高。想通过在很短的时间看一本书、学习一两个技巧就能成为短线高手，实现持续盈利，是不现实的。本系列书，也不是一本，每本都有其重要作用，本书是其中的第三本，读者朋友们要想进行系统地学习，希望大家每本都要重视。现将第一本、第二本、第四本的目录介绍给大家，供广大读者朋友参考。

强化训练短线快枪手(1)——精准打击

强化训练短线快枪手(2)——胜券在握

强化训练短线快枪手(4)——实盘追踪与解析